Research on the Integrated Development of t...

in Xinjiang

新疆绿洲
城镇组群一体化发展研究

李雪梅 ◎ 著

经济管理出版社
ECONOMY & MANAGEMENT PUBLISHING HOUSE

图书在版编目（CIP）数据

新疆绿洲城镇组群一体化发展研究/李雪梅著．—北京：经济管理出版社，2017.8
ISBN 978 – 7 – 5096 – 5143 – 8

Ⅰ．①新…　Ⅱ．①李…　Ⅲ．①绿洲—城乡一体化—研究—新疆　Ⅳ．①F299.274.5

中国版本图书馆 CIP 数据核字（2017）第 126714 号

组稿编辑：杨雅琳
责任编辑：高　娅
责任印制：司东翔
责任校对：董杉珊

出版发行：经济管理出版社
　　　　　（北京市海淀区北蜂窝 8 号中雅大厦 A 座 11 层　100038）
网　　址：www. E – mp. com. cn
电　　话：（010）51915602
印　　刷：北京玺诚印务有限公司
经　　销：新华书店
开　　本：720mm × 1000mm/16
印　　张：12. 25
字　　数：233 千字
版　　次：2017 年 8 月第 1 版　　2017 年 8 月第 1 次印刷
书　　号：ISBN 978 – 7 – 5096 – 5143 – 8
定　　价：58. 00 元

前　言

　　随着经济全球化进程的加快和生产要素流动程度的加深，区域经济一体化作为国内外推动地区经济发展的主要力量，成为当今世界经济发展的重要趋势。城镇组群一体化协调发展是区域一体化在空间上的突出表现形式，其优势是显而易见的，有利于统筹规划基础设施，避免重复建设，降低市场交易成本，实现资源合理配置，促进产业分工与协作，有效治理区域公共事务，促进区域经济协调发展。因此，这就成为时下官员、学者、企业家共同关注的热点问题。

　　目前，促进区域协调发展，正处在一个关键时期，区域经济协调发展将为经济发展提供新动力，区域经济协调发展才能稳定经济。我国"十三五"前期研究中关注收入目标、人口政策、区域发展、环境保护、市场与政府的五大领域。区域发展就在五大领域之中，其中，《"十三五"我国区域发展重点与区域协调发展机制研究》也作为我国"十三五"前期研究的 25 个重大课题之一，就是要研究区域发展重点，包括区域协调发展的体制机制。

　　国家与国家之间形成区域内经济合作以空前的深度、广度和速度发展，出现了欧洲联盟、北美自由贸易区和亚太经济合作组织等区域一体化组织。一国内部之间的区域合作也备受关注，其中有很多成功的典型案例，例如，巴黎、东京、伦敦、多伦多等通过成立城市共同体、建立城市副中心、行政机构迁移、调整行政区划等措施成功实现了区域一体化，对我国区域经济一体化实践具有重要的参考价值，但区域一体化在不同发展阶段的表现形式并不相同，因此，国外的成功经验对国内的区域经济一体化实践并不完全适用。在我国，区域一体化已经成为我国重要的区域发展战略，国内已经批复的长三角、珠三角、成渝、关中—天水等区域一体化，还有目前正在筹划或推进京津冀一体化、长江经济带等区域一体化都被寄予厚望，成为解决区域公共事务的有效路径，成为我国经济增长的重要增长极，成为带动中国经济增长的新生力量。这些区域一体化，在实践过程中，根据各自实际，因地制宜，协调推进，发展方向各有侧重，发展策略各具特色，取得了一定的效果，不仅丰富了区域一体化的理论，而且为未来区域一体化提供了宝贵的实践经验。但是在这个过程中，由于缺乏相应行之有效的制度安排，都或多或少面临着相同的难题和困扰，如区域同构竞争激烈、资源配置的空间差异、公共服务设施供给的相对封闭、产业对接难度大、生态环境形势严峻等一系列问题。要解决这些难题，需要树立合作共赢的理念，拿出足够大的勇气和缜密的政策、制度安排，并辅之以足够的耐心步步推进。否则，各种各样的区域一体化就只能停留在设想中。

在新疆区域发展过程中，也出现了乌鲁木齐都市圈、奎独乌、库尉、和墨洛、阿温、伊—霍经济圈、大喀什经济圈等各种中心城市与周边城镇组群区域一体化协调发展的趋势。这些区域的共同特征是区域经济发展阶段落后，具有全国最特殊的行政区划，虽然相距很近却因多个利益集团和行政管理体制限制而无法融合。在城镇组群区域一体化协调发展方面，新疆各地政府也做了很多努力，乌鲁木齐都市圈、库尉一体化、阿温经济联盟、大喀什经济圈、伊—霍经济圈等城镇组群区域一体化虽然做了前期研究工作，并付诸实践，但是由于各种原因，尤其是地方行政管理的制约和领导思路的更换，使得城镇组群区域一体化协调发展难以实现。同时，在中心城市与周边城镇组群区域一体化协调发展过程中，这些区域的发展战略，对于县域城（县城）镇（建制镇）发展关注不够，县城太小、功能不全，聚集经济要素的能力弱，辐射拉动乡镇经济的作用有限，城镇化的难度更大。

因此，全面梳理一下当前制约新疆区域经济合作背景下城镇组群区域一体化协调发展的体制、机制、法规障碍，在区域一体化中迈出实质性的步伐，真正打破区域封锁和区域分割，打破行政藩篱，充分利用中央的政策进行体制创新。应该找准利益的结合点，选准合作发展的共振点，进一步加强基础设施建设对接，进一步推动产业互动发展，进一步搭建要素自由流动平台，把合作的重点放在发展战略的对接上，在产业上进行整体布局，贸易上进行整体协调，基础设施上进行跨区域的规划建设，促进生产要素的自由流动，推进这些区域经济一体化向广度和深度发展，实现城镇组群区域一体化协调发展。

目　录

第一篇　新疆绿洲城镇组群一体化发展理论研究

第一篇　新疆绿洲城镇组群一体化发展理论研究

第一章　新疆绿洲城镇组群一体化的背景

目前，促进区域协调发展，正处在一个关键时期，区域经济协调发展将为经济发展提供新动力。在此背景下系统研究当前制约新疆区域经济合作背景下城镇组群区域一体化协调发展的体制、机制、法规障碍，进而提出有针对性的对策建议，无疑具有重要的理论和现实意义。对城镇组群区域一体化协调机制进行尽可能的全面剖析，从而找出其普遍性的要素特征。并通过对新疆具体区域城镇组群区域一体化协调发展的实证研究，探讨其实现的约束条件、动因机理、路径选择、对策等，以期为西部区域经济的这一新型城镇化发展模式提供分析框架和对策建议。

第一节　研究意义

（一）理论意义

1. 丰富区域经济学、城市经济学关于城镇组群区域一体化协调发展的内容

区域经济学、城市经济学是将区域发展和不发达地区发展作为研究任务的学科。本书选择了一些新疆不发达区域作为研究对象，根据它们各自的特点，提出对其他同质地区具有普遍实用性的城镇组群区域一体化协调发展模式，为其他同质区域提供理论支撑和政策建议，从而丰富了区域经济学、发展经济学关于城镇发展的理论。

2. 为行政管理、公共事业管理学的发展提供翔实的案例支持

行政让位于经济，政府为经济服务，成为行政管理和公共事业管理学发展变革的方向。割据的行政区域严重影响了经济要素的有序流动和资源的优化配置，发展中的矛盾越来越尖锐、突出，跨行政区域的经济协作区的建立被认为是解决矛盾的有效途径。本书立足于解决城镇之间协同发展的问题，通过调查研究，剖析、归结，探讨行政区划和经济区划的界限协调机制，可以为行政管理学、公共事业管理学的发展提供研究素材。

（二）现实意义

1. 缩小城镇之间的发展差距、促进要素流动和满足资源优化配置的需要

新疆城镇组群一体化协调发展是以可持续发展为目的的科学发展观，统筹区域和城乡发展，对行政区划和经济区划重新界定，打破区域、城乡发展壁垒，摒弃地区发展行政本位主义，促进要素流动和资源优化配置，提高经济效益，缩小区域、城乡差距，创建和谐平安的经济社会环境。所以，城镇组群区域一体化协调发展是缩小城镇之间发展差距、促进要素流动和资源优化配置的需要。

2. 为其他同质地区城镇组群一体化协调发展提供借鉴

在新疆广大民族地区，往往由于不同开发主体利益不同而各自为政，严重影响资源的优化配置与组合，区域整体效益差，城镇发展滞后。因此，新疆城镇组群一体化协调发展是促进城镇合作，有利于新疆城镇之间经济优势互补、分工合作、形成合理有序的产业布局，实现城镇经济一体化，供国家和相关部门制定政策作参考，为其他同质地区城镇发展提供借鉴，具有十分重要的借鉴意义和现实意义。

第二节　研究综述

区域一体化最早指的是区域经济一体化，随着全球化进程的进一步加快，区域空间整合即城镇组群一体化发展是新形势下加强区域合作与协调、增强区域竞争力的有效途径。

区域经济一体化的定义最早由荷兰经济学家丁伯根（Tinbergen）于1954年提出，区域经济一体化就是将有关阻碍经济最有效运行的人为因素加以消除，通过相互协调与统一，创造最适宜的国际经济结构。1961年，美国经济学家巴拉萨（Balassa）也提出了区域经济一体化既是指采取旨在消除各国之间差别待遇措施的过程，又是上述差别待遇消失的一种状态。自19世纪以来，区域一体化就伴随着全球化的趋势产生了三次变革：第一次是19世纪后半期工业电气革命带来的跨国公司、国际垄断组织的产生和垂直的生产分工体系，大大增加了区域贸易合作的便捷性；第二次是"二战"结束后，和平发展的诉求促使各国重新建立起以美元为核心的布雷顿森林体系，形成了稳定的全球金融市场，国际贸易增长率超过经济增长率，经济全球化向纵深发展；第三次是20世纪50年代末期至70年代的旧区域主义，世界贸易组织推动的国际多边贸易体制、投资和生产的国际化、跨国公司为主导的全球贸易共同推动了全球化组织形式的转变；在全球化发展格局下，新区域一体化正在不断深化变革。与此同时，区域一体化的理论

趋于系统化，从早期的关税同盟理论、自由区贸易理论、大市场理论等以国际贸易为重点，转而向空间、制度等方面扩展，引入了新区域主义、新经济地理理论和新制度经济学等研究视角，这也为城镇组群一体化发展带来了活力。

区域一体化是在区域内经济主体区位选择的基础上，通过产业部门调整和空间结构演化，增强区域经济协作，消除区域市场壁垒，促进区域空间整合，以实现区域设施同城化、市场一体化和城市功能一体化，在此基础上达到城市间利益的协同化，最终实现区域联动和一体化发展。现阶段区域一体化主要包括区域经济一体化和区域制度一体化以及城乡一体化。随着世界经济的发展，经济集聚程度的不断提高，出现了以城市群或都市圈为典型特征的城市空间形式。20世纪50年代，法国地理学家简·戈特曼提出了城市带的概念，认为城市带应以2500万人口规模和每平方千米250人的人口密度为下限，是城市群发展到成熟阶段的最高空间组织形式，其规模是国家级甚至国际级的。按照简·戈特曼的标准，当今世界已经形成了六大城市群：美国东北部大西洋沿岸城市群、北美五大湖城市群、日本太平洋沿岸城市群、欧洲西北部城市群、英国以伦敦为核心的城市群、我国以上海为中心的长三角洲城市群。从全球竞争的角度看，城市群经济总量占国家经济的比重不断增强，不仅成为国家发展的主要载体，而且也成为国家参与全球竞争和国际分工的基本地域单元。

与世界城市化进程相适应，我国城市化处于快速发展阶段，出现了以长江三角洲、珠江三角洲、京津冀城市群为代表性的城市群。国家"十一五"规划纲要明确指出："要把城市群作为推进城镇化的主体形态；已形成城市群发展格局的京津冀、长江三角洲、珠江三角洲等区域，要继续发挥带动和辐射作用，加强城市群内各城市的分工协作和优势互补，增强城市群的整体竞争力；具备城市群发展条件的区域，要加强统筹规划，以特大城市和大城市为龙头，发挥中心城市作用，形成若干用地少、就业多、要素集聚能力强、人口分布合理的新城市群。"在中央政府的规划推动下，全国各地也纷纷出台了相应的城市群发展规划，极力促进城市群的形成和一体化发展。由此可见，城市群是新时期推进城市化快速发展的主体形态，也是区域重点开发及区域协调发展的主要形式。

综合国内外研究，可以看出城市群形成的过程也是区域经济一体化的过程，而区域经济一体化的进程也需要城市群作为重要的依托。系统分析区域经济与城市群发展的内在联系，可以看出它们之间有以下三方面的联系。①区域经济一体化促进了城市群的发展。区域经济一体化从本质上来讲，就是在某一地域范围内各个城市的联动发展，该区域内各个城市除了紧密的合作之外，在发展上还存在一定的互补性，尤其是在区域经济一体化过程中核心城市的主导地位上体现得尤为明显。从区域经济一体化过程来看，表现在区域内城市间密切的合作，将进一步出现区域内城市间基础设施的共同规划发展、产业的合理分配、劳动的分工与协作等方面，从而促进了区域内各个城市的"组团式"发展，即"捆绑式"发展。②城市群发展推动区域经济一体化进程。区域经济一体化实际上就是一种在区域内全方位的开放式发展、合作式发展和互补式发展三者有机统一的过程，推动区域经济一体化首先就需要经济实力强、发展潜力大、集聚财富能力强的中心城市来支撑。这类城市就其规模、实力、潜力是周围其他城市不能比拟的，其辐射范围也是比较广泛的。正是由于以这类城市为核心将周边城市组成一个整体联动发展，即形成了城市群。在城市群内的人流、物流、资金流、信息流等日益频繁的交流合作过程中，推动了整个区域经济一体化的发展。③城市群能够为区域经济一体化争取更多的政策扶持。从获得政府的扶持角度来看，通过邻近具有发展潜力的几个城市联动起来组成一个群体，其综合经济实力才可以足够引起国家的关注，从而得到政府的扶持和引导其向更好的方向发展；从吸引外资角度来看，单个的城市由于存在资金、人才、信息等方面的相对薄弱，不足以引起外商的直接投资，当几个城市组成一个群体共同发展时，其发展潜力与单个城市相比将有天壤之别，无论在发展空间、资金的集聚上，还是在人力资本、信息的流通上都有着更大的机遇。

第三节　研究目的

面对城镇组群区域一体化发展的迅猛发展态势，本书通过梳理和归纳国内外城镇组群区域一体化协调的相关研究，旨在构建一个完整的城镇组群区域一体化协调研究理论体系，从地理学、区域经济学、新制度经济学、社会学等多学科的角度对城镇组群区域一体化协调机制进行尽可能的全面剖析，从而找出其普遍性的要素特征，并通过对新疆具体区域城镇组群区域一体化协调发展的实证研究，探讨了其实现的约束条件、动因机理、路径选择、对策等，以期为西部区域经济的这一新型城镇化发展模式提供分析框架和对策建议。

（1）深刻把握城镇组群区域一体化协调发展中的现实基础和制约因素，突破行政割据，统筹经济区域的一体化发展，从基础交通、产业规划、市场统筹、服务共享、工作机制等不同角度，寻求城镇组群区域一体化协调发展的最有效途径和策略。

（2）探索中心城市与相邻城市（城镇）协同发展的机理和合作模式，或者说相邻城市之间为什么会产生协同发展？是不是任何两个或两个以上的城市（城镇）都能出现协同发展的趋势？上述针对城镇组群区域一体化协调发展的动因机理的探讨对于我们认识城镇组群区域一体化协调发展有着至关重要的作用。

（3）进一步健全城镇合作机制。通过研究新疆中心城市与周边城镇组群区域一体化协调发展的路径选择与具体策略，探索建立区域协调机制，设立区域合作协调机构，将区域合作范畴由目前的"对话式"方式过渡到制度性安排上。

（4）着力推进城镇之间重点合作项目。研究细化城镇组群区域一体化协调发展的具体实施，学习借鉴其他地区城市与周边城镇组群区域一体化协调发展的成功经验，积极推进新疆城镇组群一体化协调发展。

第四节　研究方法

（1）理论研究和实践研究相结合。包括资料收集、文献综合分析法、野外考察法等，在国内外相关理论研究的基础上，了解目前新疆城镇组群一体化的现状、存在的问题及主要发展态势，总结了新疆城镇组群一体化的基本特征、约束条件与动力机制等。

（2）规范研究和实证分析相结合。用规范分析探讨新疆城镇组群一体化发展的理论框架，运用实证分析评价新疆城镇组群一体化发展的典型案例。

（3）定性和定量分析法相结合。在规范分析的基础上，本书对典型区域中心城市与周边城镇一体化发展的实际发展现状进行了科学分析，应用现代数量经济的分析方法和技术（如描述统计分析、计量经济分析等），科学揭示、测度并评价了典型区域中心城市与周边城镇一体化的发展状况。

（4）比较分析法。本书将使用比较分析法，对比分析新疆城镇组群一体化发展的各方面因素，从而找出这些影响因素中的薄弱环节以及关键点，以此找出新疆城镇组群一体化的途径。

第二章　新疆绿洲城镇组群一体化的理论基础

第一节　概念辨析

一、都市圈

都市圈的概念最早来源于日本，根据国土规划与实践的时空差异，日本行政厅对都市圈做了不同的界定。1950 年，日本行政管理厅提出都市圈是指可在一日内接受城市某一方面功能服务的地域范围，且中心城市人口规模在 10 万人以上。

20 世纪 90 年代初，国内城市地理学者周一星提出大都市带（都市连绵区）的概念，指出从大都市区以都市区为基本组成单元，以若干大城市为核心并与周围地区保持强烈交互作用和密切的社会经济联系，沿一条或多条交通走廊分布的巨型城乡一体化区域。高汝熹等较早地提出了城市圈域经济的概念，认为城市经济圈是以经济比较发达的城市为中心，通过经济辐射和经济吸引，带动周围城市和农村，以形成统一的生产和流通经济网络。[①]

二、城市群

现代意义的城市群概念是法国学者戈德曼提出的，他指出，城市群应具有高度稠密的城镇基础设施和高效率的网络流通体系的鲜明特征，且随着城市化进程，城市将沿主要交通干道不断延伸，即城市会沿着发达的城市交通干道不断演化成为一个巨大的社会经济组合体。尽管国内外学者对城市群的界定存在一定的弹性与差异，但普遍认同的观点是，城市群是由一个或多个中心城市与若干周边城镇组成的、社会经济联系紧密的经济集合体，是一个依托发达交通网络与信息

[①]　转引自曾群华等：《都市圈、城市群与同城化的概念辨析》，《中国名城》2012 年第 5 期。

网络组成的相互依存、相互制约，具有一体化倾向的协调发展区域。

三、同城化

2005 年，深圳市政府发布的《深圳 2030 城市发展策略》，在其区域发展策略中提出"加强与香港在高端制造业、现代服务业以及其他领域的合作，与香港形成'同城化'发展态势"。这是国内首次提出的"同城化"概念。尽管国内学者对同城化的界定各有差异，但目前较为普遍的看法是：同城化是指地域相邻、经济和社会发展要素紧密联系的城市之间为打破传统城市间的行政分割和保护主义限制，以达到资源共享、统筹协作、提高区域经济整体竞争力的一种新型城市发展战略。综合各种不同视角的同城化定义可以得出，同城化主要离不开几个基本特征：地域相邻、产业互补、经济相连、区域认同。通过相邻城市间行政边界的逐步淡化与模糊，城市基础设施、服务功能等被更多的城市共享，区域交流更加频繁，资源要素共同配置，从而达到产业定位、要素流动、城市发展、生态环境、政策措施、社会事业等各方面形成高度协调和统一，使居民弱化原有属地观念，共享同城化所带来的发展成果，从现实上形成同城化发展的局面。①

四、城市联盟

城市联盟是指两个或者两个以上的城市为了一定的目的而进行的一种合作性超边界组织安排。城市联盟是城市合作博弈的结果，城市联盟的发展特性是以市场为机制，以利益趋同为动力，有效促进各种资源的合理配置，从而达到联盟城市多赢的局面。②

组成城市联盟的目的是多种多样的，根据目的不同分为以下几种常见的城市联盟类型：一是基于技术合作的城市联盟，就是各联盟城市之间以合作研发、技术创新、科技成果转化为目的而建立的城市联盟。二是基于市场一体化的城市联盟，联盟城市之间消除市场限制，使生产要素在联盟成员之间可以自由流动，提高市场的资源配置效率，使经济得到快速发展。三是基于资源互补的城市联盟，就是以实现资源的合理配置为目的而建立相关城市之间的联盟。四是基于产业结构的城市联盟，各城市可以利用城市联盟解决和弥补产业结构不足的问题。五是基于信息文化交流的城市联盟，可以有效地加强城市间的信息交流，提高市民的文化艺术生活。六是基于资本连接的城市联盟，使资本在联盟城市之间合理流动，促进资本配置的合理优化。七是基于规模经济的城市联盟，就是在规模经济理论下建立城市联盟，实现产业的聚集和城市经济的发展。八是基于人居环境

① 曾群华等：《都市圈、城市群与同城化的概念辨析》，《中国名城》2012 年第 5 期。
② 靳景玉等：《城市联盟：城市群组织制度创新》，《求索》2006 年第 5 期。

的城市联盟，城市的一个重要功能就是为人们提供良好的人居环境，基于人居环境的城市联盟一方面可以提高人们的居住质量，另一方面可以促进人才的合理流动。

五、城镇协同发展（一体化）

协同发展是从协同学中衍生出的概念，是指系统内部以及各子系统之间的相互适应、相互协作、相互配合、相互促进、耦合而成的同步、协作与和谐发展的良性循环过程。它是基于协同学基本原理、区域分工等经典理论提出的一种发展方式，强调系统"一体化"运作以及各级系统的共同发展。在同一经济区域内的各个城镇具有地理环境、资源要素、风俗人文等方面的相似性，同时由于禀赋发展路径的不同，这些城镇的经济结构和生产力布局表现出明显的地域特异性。城镇协同发展就是指处于同一个相对独立的城镇组群的各个城镇在平等和互相开放的基础上，充分发挥各自的比较优势，通过对各类发展要素进行科学、有序的互补性整合，如产业分工与协作、基础设施对接协调等，使各城镇形成严谨和高效的组织协调与运作机制，从而使城镇组群形成一个协调统一的系统，在促进各城镇快速发展的同时，实现城镇组群整体发展效益的最大化。

六、都市圈、城市群、同城化、城市联盟、城镇协同发展的辨析

都市圈、城市群、同城化、城市联盟、城镇协同发展作为区域经济一体化与城市发展进程中的特定发展状态，既有相似之处，又存在一定的差异；既相互联系，又各有区别。

从共性上来看，都市圈、城市群、同城化、城市联盟、城镇协同发展都是以一个或多个中心城市为核心的城镇组团发展模式，这些城镇因具有地域相邻性、交通可达性、经济联系紧密型、产业结构互补性等条件而产生合作的动机。

从差异性来看，首先是存在状态的差异，都市圈、城市群、城市联盟是三种城市经济体，是经济联系、合作关系发展到一定程度的产物；而同城化、城镇协同发展是都市圈或者城市群发展过程中的一个中间阶段，也是都市圈或城市群形成和壮大过程中的必经环节。其次是地理范围的差异，不同动因的城市联盟地理范围存在差异，有些距离较远的城市也可以基于一定合作共识，如资源要素互补、产业合作而建立起一定的信任机制、合作机制、协调机制，形成城市联盟，一定程度上说，城市联盟不受地理范围的约束；都市圈、城市群以及城镇协同发展的地理范围相对集中，都市圈城市之间的距离一般在 300 千米以上，城市群的直径距离一般在 200~300 千米，城镇协同发展也是在城市群的范围内进行；而同城化城市之间的空间范围相对较小。最后是最终发展趋向存在差异，城市联盟

只是各城市基于某一项或多项因素组成的合作关系，目的性较为单一；都市圈、城市群更侧重于一体化的经济发展态势，城镇协同发展正是城镇组群迈向一体化过程中的重要阶段；而同城化更侧重于同质化的发展态势，从社会功能优化的角度强调居民对原有属地观念的逐步淡化与弱化，以共享同城化所带来的发展成果、实现公共服务的均等化为目标。

第二节　理论基础

一、增长极理论

增长极理论由法国经济学家弗朗索瓦·佩鲁于1955年创立，这一理论由物理学的"磁极"概念引申而来，认为经济增长不会同时出现在所有的地方，它只会首先由少数条件优越的点发展起来，进而成为一个经济增长极，产生类似"磁极"作用的各种离心力和向心力，每个中心的吸引力和排斥力都产生相互交会的一定范围的"场"。在区域经济的发展中，应该主要依靠条件较好的少数地区，把它们培育成经济增长极，通过增长极的极化和扩散效应，影响和带动周边地区。增长极的极化效应主要表现为资金、技术、人才等生产要素向极点聚集；扩散效应主要表现为生产要素向外围转移。在发展的初级阶段，极化效应是主要的，当增长极发展到一定程度后，极化效应削弱，扩散效应增强。

增长极理论从经济空间的角度解释了城市化的一般机制，得到了大多数学者的认同。同时，这一理论主张通过政府的作用来集中投资，加快若干条件较好的区域或产业发展，进而带动周边地区或其他产业发展。由于这一理论的实际操作性较强，对发展中国家产生了很大的影响和吸引力，成为各国政府制定区域发展战略和城市化战略的基础。

二、点轴开发理论

点轴开发理论最早由波兰经济学家萨伦巴和马利士提出，是增长极理论的延伸，这一理论在重视"点"（中心城镇或经济发展条件较好的区域）增长极作用的同时，还强调"点"与"点"之间的"轴"即交通干线的作用，认为随着重要交通干线如铁路、公路、河流航线的建立，连接地区的人流和物流迅速增加，生产和运输成本降低，形成了有利的区位条件和投资环境。产业和人口向交通干线聚集，使交通干线连接地区成为经济增长点，沿线成为经济增长轴。在国家或区域发展过程中，大部分生产要素在"点"上集聚，并由线状基础设施联系在一起而形成"轴"。

这一理论十分看重地区发展的区位条件，强调交通条件对经济增长的作用，认为点轴开发对地区经济发展的推动作用要大于单纯的增长极开发，也更有利于区域经济的协调发展。

三、互利共生理论

两种物种在一起生活，在营养上互相依赖，长期共生，双方有利，称为互利共生。共生理论认为，尽管共生包含了竞争和冲突，但它强调从竞争中产生新的创造性的合作关系；共生强调存在竞争双方的相互理解和积极的态度；共生强调了共生系统中的任何一方单个都不可能达到一种高水平关系；共生是在较大的社会、经济和生态背景下，共生单元寻求自己定位的一种途径；共生强调在尊重其他参与方（包括文化习俗、宗教信仰等）基础上扩大各自的共享领域。因此，共生理论的实质就是通过经济主体的协商与合作，实现各方利益均衡，最终达到各经济主体的共同进步。

在区域经济发展过程中，不同的区域组成不同的共生单元，各共生单元要实现和谐发展，就必须在承认各自差异的基础上，通过相互支持与合作，才能实现整个区域总体水平的不断提高。共生导致有序，共生的结果使所有共生者都大大地节约了原材料、能量和运输，系统获得多重效益。经济区域通过市场共建、产业集群、共同培育区域龙头企业，将会促进城镇群的有序成长和社会经济环境的持续健康发展。

四、反磁力理论

反磁力理论由 E. 霍德华于 1898 年提出，E. 霍德华主张在城市的远郊建设一些在地理上相对独立的小镇，镇上有工业商业和其他的工作岗位，居民可以就地工作和居住生活，这样将大城市中多余人口疏散到这些小城镇，以减轻大城市的负担和压力。这些在城市外建立的若干小城镇就是"反磁力中心"。它们在分散中心城市压力的同时也将中心城市的扩散效应传输到周围腹地，深化了城市化进程。

爱伯克龙比在大伦敦规划中实践了 E. 霍德华"田园城市"的构思，这就是反磁力理论的首次应用。美国格拉姆·罗迈·泰勒于 1915 年将这些建立在大城市郊区的小城镇定义为"卫星城"，认为它们类似于宇宙中的卫星，可以分解大城市在地域、人口、产业布局等方面的压力。反磁力理论的提出旨在削弱边缘区到核心区的回波效应，有利于最终实现区域的平衡发展。

五、城乡互动理论

城乡互动发展是指资本、劳动力、物质、信息等社会经济要素在城乡空间的双向流动与优化配置。城市（镇）与乡村是区域有机整体的两个组成部分，是相辅相成的。城乡之间的互动与关联发展突破了城乡隔离体制下各类社会经济要素在城乡之间的单向流动格局，有利于城市和乡村的共同发展和区域空间结构的整体优化。在农村推力和城市（镇）拉力的作用下，农村在空间地域上的后退同城市（镇）在空间地域上的前进一样明显，城镇产业的发展有力地带动了农村产业的发展，农村产业的发展为城镇产业发展奠定了基础，从而将城乡互动置于一个有机的系统中，构成一个动态的连续体。

城市和乡村为了寻求自身的发展，必然会形成对资源、资金和人才的争夺，从而表现出城乡之间的一种对立和对抗。但是，随着社会经济的进一步发展，人们越来越发现不论是偏重城市还是农村的发展战略，都遇到了很多实际问题。农村地区的问题表现为诸如小生产与大市场、小规模经营与农业现代化、农业社会效益高与经济效益低等一系列矛盾。城市地区的问题则表现为市场容量有限、资源匮乏、土地稀缺与可持续发展的矛盾。必须认识到，这些问题的解决绝不仅仅是城市或农村某个区域的发展所能完成的。诸如城市土地问题、农村劳动力转移问题、城乡市场问题，都必须通过城乡之间的相互作用才能得到切实的解决。在城乡互动过程中，城乡得到共同提高，表现为城市（镇）在广度和深度上的再度发展，农村虽然在地域上日渐退缩，但在经济（产业）、社会方面则获得积极提高。互动过程中，城乡差距是其永恒的动力。城乡经济互动模式不是人的主观意识的产物，它是随着社会经济不断向前发展的必然结果，是社会经济发展到一定阶段的必然要求。城乡间人流、资金流、物流、信息流、技术流、生态流的自由流动是城乡良性互动的支撑体系。

六、协调发展理论

协调发展理论是从人与自然和谐发展和可持续的角度论述城镇化发展规律的，典型的理论有田园城市论、卫星城市论和有机疏散论等。

田园城市论是埃比尼泽·霍华德提出的一种将人类社区包围于田地或花园的区域之中，平衡住宅、工业和农业区域比例的一种城市规划理念。1898年，埃比尼泽·霍华德在其著作《明天——通往真正改革的和平之路》一书提出，工业化条件下存在着城市与适宜的居住条件之间的矛盾及大城市与自然隔离的矛盾，提出了一个兼有城市和乡村优点的理想城市模式，他称为"田园城市"。他认为，城市环境的恶化是由城市膨胀引起的，城市具有吸引人口聚集的"磁性"，城市无限度扩张和土地投机是引起城市灾难的根源，只要控制住城市的"磁性"，便可以控制城市的膨胀，而有意识地移植"磁性"便可以改变城市的结构和形态。基于这样的分析，他提出建立一种"城乡磁体"，把城市的高效率、高度活跃的城市生活和乡村环境清新、美丽如画的田园风光结合起来，摆脱当时城市发展的困境。霍华德着重指出，田园城市是一个有完整社会和功能结构的城市，有足够的就业岗位维持自给自足，空间合理布局能保障阳光、空气和高尚的生活，绿带环绕，既可以提供农产品，又能有助于城市的更新和复苏。这一理论提出的是一种全新的发展模式，而不仅仅是缓解大城市急剧扩张的手段。田园城市论中蕴涵的城市应控制在适当的规模并不断发展新的增长点的思想，对现代城市规划思想起了重要的启蒙作用，对其后的城市分散主义、新城建设运动和新都市主义思潮产生了相当大的影响，推动了城市规划学科和实践的发展。

雷蒙·恩温在 20 世纪 20 年代提出了卫星城市论，建议在伦敦的规划中围绕伦敦建立一系列的卫星城以疏解人口和就业岗位。卫星城市是一个经济上、社会上、文化上具有现代城市性质的独立城市单位，但同时又是从属于某个大城市的派生产物。但卫星城概念强化了与中心城市的依赖关系，强调中心城的疏解，因此往往被视作中心城市某一功能疏解的接受地。但是经过一段时间的实践，由于卫星城功能的单一，它对中心城市的过度依赖性也暴露出来。因此，卫星城应具有与大城市相近似的文化福利设施，可以满足居民的就地工作和生活需要，从而形成一个职能健全的相对独立的城市。

有机疏散论是芬兰学者埃列尔·萨里宁在 20 世纪初期针对大城市过分膨胀所带来的各种弊病，提出的城市规划中疏导大城市的理念，是城市分散发展理论的一种。他在 1943 年出版的著作《城市：它的发展、衰败和未来》中对其进行了详细的阐述，并从土地产权、土地价格、城市立法等方面论述了有机疏散理论的必要性和可能性。他认为今天趋向衰败的城市，需要有一个以合理的城市规划原则为基础的革命性的演变，使城市有良好的结构，以利于健康发展。萨里宁提出了有机疏散的城市结构的观点。有机疏散论认为没有理由把重工业布置在城市中心，轻工业也应该疏散出去。当然，许多事业和城市行政管理部门必须设置在城市的中心位置。城市中心地区由于工业外迁而空出的大面积用地，应该用来增加绿地，而且也可以供必须在城市中心地区工作的技术人员、行政管理人员、商业人员居住，让他们就近享受家庭生活。很大一部分事业，尤其是挤在城市中心地区的日常生活供应部门将随着城市中心的疏散，离开拥挤的中心地区。挤在城市中心地区的许多家庭疏散到新区去，将得到更适合的居住环境。中心地区的人口密度也就会降低。

第三节　城镇组群一体化的基本特征

一、经济、城镇化水平较高

城镇组群区域一体化的结果是各地区形成统一的整体进行发展，区域发展的空间壁垒被打破则意味着贸易壁垒随之取消，这将促进各区域成员间在比较优势基础上实行专业化分工，从而使资源的使用效率提高，使区域内贸易关系进一步增长。由于区域贸易合作，把若干个小市场合并成一个大市场，同时排斥了来自第三方的竞争对手，从而能够为各成员地之间的相互贸易的扩大提供一个更大、更为广阔的市场，并使得某些部门或产业能够扩大规模，进行横向或纵向的专业化生产，平均单位成本相应减少，获得规模经济效应，经济运行和管理机制一体化。这是经济一体化的发展模式和构架基础。区域经济发展到一定规模必定要求更大的空间来发展经济，城镇化水平就会不断提高，二者互相影响。

二、城镇经济联系较为紧密（产业一体化）

区域经济一体化发展的本质要求是区域产业一体化，城市圈整体功能形成和发展的基础动力和要求是产业的优势互补和一体化。城镇组群区域一体化发展到一定阶段就会充分发挥各地的区位优势、资源优势和产业基础优势，区域内有明确的主导产业和支柱产业，各城市产业形成以产业链为纽带，分工和协作明显，规模型、集约型的生产体系，达到资源最优配置，主动承接产业转移，能有效避免同质化竞争。社会经济资源是否实现了最优化配置，必须对配置的最终结果进行检验，主要检验产业结构和产业布局是否合理。在经济区域内，产业结构和产业布局不合理，直接反映着社会经济资源配置的低效率乃至负效率，并最终影响到区域经济一体化的进程。产业结构和产业布局一体化是经济一体化中社会经济资源优化配置的实现形式和最终结果。

三、基础设施一体化

城市群是由特定地域范围内相对独立而又相互依托的多个城区构成的，连接各城市并促使城市之间发生相互作用的前提是城市之间具有发达的交通网络和信息网络。它的本质是区域一体化过程在城市空间形态的表现，城市群得以发展的关键在于基础设施一体化建设，是实现经济一体化发展的重要桥梁。市场建设和要素流动都是以基础设施作为实施条件的，而产业结构与产业布局的形成也是以基础设施作为依托的。包括交通等在内的基础设施一体化落实区域间资源共享，公共产品共建交通等基础设施的发展有利于经济增长，地方政府要更多地投资于交通基础设施促进本地工业的集聚，才能更好地实现城镇组群在空间上的一体化。

四、市场一体化

城市群是城市化发展的高级阶段，随着企业区位选择以及各产业组织形成企业网络，企业的研发销售等难以规模化生产的部门集聚于多样化特征的大都市，而加工制造业等可以规模化生产的部门集聚于专业化的城市。城镇组群一体化发展必然要求贸易互通、消除地方市场分割，面向整个城镇组群区域建立一个完善统一的开放市场。要素流动和产业集聚扩散速度不断加快，城市规模和边界突破城市行政边界约束，城市之间的市场逐渐出现融合并最终实现市场一体化、形成网络城市，最终实现跨越行政区划的基于市场一体化的城市区域。在市场经济条件下，市场对社会经济资源的优化配置起着直接的推动作用，没有一体化的市场，就不可能实现城镇组群一体化。

五、生态环境一体化

区域一体化发展的重要保障是生态环境保护，只有生态环境良好发展才能实现城镇可持续发展。城乡一体化就是生态环境一体化的体现，城市文明加速向农村普及，城乡差别逐步缩小，形成中心城市、中心镇、中心村共同组成的城乡交错、布局合理、优势互补、功能完善（包括医疗、文化、教育、体育一体化），生态良好的连绵不断的经济区。整个区域共同建立生态保护机制，合理布局产业空间，形成城市圈经济系统和生态系统的良性互动与协调发展。

六、社会、政策一体化

制度构架和政策措施一体化是经济一体化的制度规范和法律保障。不同的制度构架与政策措施，不仅导致各经济主体经济发展结果的差异性，而且直接影响着经济一体化的发展进程。同时，经济一体化的发展进程，又对区域制度构架与政策措施一体化起着重要的推动作用。完善的法律制度和区域经济协调发展的政策是区域一体化发展的重要支撑和保障。欧盟、美、法、英和日本等国家和地区都在国家层面和区域层面制定了相应的政策以保证区域发展适宜国家发展的需要，又根据区域内各地方的实际特征通过区域层面的政策予以协调，形成和谐发展的整体和各地发挥自身优势个体的格局。

第四节 合作动力和合作模式

一、动力机制

相对内地其他城市群而言，新疆八大城镇组群的发展整体上处于初中级阶段，但同时也是最具发展势头的阶段，在这一时期，中心城市的极化效应占据主要位置，中心城市依托其区位、交通设施、行政地位、经济基础等优势对周边地区的劳动力、资本、资源具有较强的积聚力，而周边城镇的发展一定程度上受到了中心城市"虹吸效应"的影响，发展后劲有待增强。因此，在这一发展阶段，在进一步培育和壮大新疆各个区域中心城市的同时，引导和鼓励中心城市与周边城镇之间加强合作，推进区域的协调有序发展乃至实现区域发展一体化也是新疆城镇化的重要课题。下面我们将揭示推动中心城市与周边城镇加强协同发展的动力机制，以期为下一步有针对性地提出政策建议提供理论指导。

一个城市乃至一个城镇组群的发展都离不开来自自身或者外部的各种动力，包括产业动力、市场动力、资本动力、制度动力、结构动力、资源动力等，引导城镇组群内部中心城市与周边城镇协同发展的动力也是如此。内生动力包括城镇组群内部的产业、市场、资本、人才、资源等因素，这些因素在一定条件下，将自动在中心城市与周边城镇之间进行选择和配置，成为推进协同发展的重要力量。外生动力产生于城镇组群外部，间接作用于区域经济发展，如更高层次的制度政策。

（一）产业集聚扩散的融合力

在城镇组群发展的过程中，以比较优势为基础的产业集聚和产业扩散好比是硬币的两面，产业集聚会形成劳动力市场共享、中间投入品的多样性以及知识溢出等多种外部效应，是城镇组群发展的重要推动力，同时也会造成区域发展的不平衡性；与此同时，产业扩散将在城镇组群内部的协同发展中扮演着重要角色。产业在衰退期迫于市场环境压力进行空间转移，市场环境压力主要包括产品市场和要素市场两个方面，产品市场供求状况决定利润，要素市场供求情况决定成本，由于市场环境的变化，产业对环境的适应度下降，空间上的迁移就成了必然选择。在某一产业对转移后的新环境充分适应时，必然会对新环境产生一种反馈效应，这种效应是一种综合效应，既包括拉动经济增长的效应，也包括改善市场环境主体福利的效应。① 周边城镇通过承接中心城市的产业转移，进一步调整自身产业结构，将有效推进本地区的经济发展，提升自身的福利水平，实现与中心城市之间的协调有序发展。

（二）资源优势互补的推动力

资源共享是新疆城镇组群区域经济合作的基础，新疆地域辽阔，各个城镇组群面积也较为广阔，城市的资源要素存在较大的差异性，各具优势，互补性强。实现资源优化配置，是中心城市与周边城镇加强合作的基本动机，可以增强中心城市互动的凝聚力。乌鲁木齐经济发展水平较高，基础工业、高新技术产业和现代服务业发达，产业体系和市场体系完备，有现代化的机场、会展中心、铁路公路枢纽、高等学府等功能性基础设施，在整个新疆具有产业、资本、技术、人才、信息等优势，但原材料、土地、能源、劳动力等资源相对匮乏。与此同时，周边的昌吉回族自治州的各个县市拥有较为丰富的土地、劳动力、原材料等资源，这就产生了资源优化配置的基础。周边这些县市在利用和承接乌鲁木齐不可替代的各类资源的同时，也为乌鲁木齐提供了充足的资源和劳动力，中心城市的辐射带动效应也得以充分施展。

（三）结构协调契合的凝聚力

经过多年发展，新疆各个城镇经济发展各具特色，但人口规模、经济结构和发展水平参差不齐，存在一定的梯度差异。这种状况对于城镇组群内部各个城镇之间的互动来说，竞争性减弱，合作性增强。以克奎乌城镇组群为例，克拉玛依、奎屯市和乌苏市之间在经济上各有特色，具有很强的互动性和互补性。克拉玛依是全国最大的石化基地，城市基础设施较为健全，城市经济结构主要以第二产业为主；奎屯的商贸已初具规模，第三产业在本区域内较为发达；乌苏有百万亩良田，拥有得天独厚的农牧业优势，是本地区主要的农产品基地，第一产业是乌苏的优势所在。因为有这样的结构契合性，这一区域已形成了农、商、工互为犄角的发展态势，克奎乌地区的合作潜力巨大、发展空间广阔，推进克拉玛依、奎屯与乌苏的协同发展显得顺理成章。

（四）市场开放统一的向心力

随着经济社会的发展，城镇组群中人们的消费水平得到不断提高，对产品的品种、质量、功能、风格和服务的期望越来越高，产生了巨大的消费需求。随着城镇组群内部市场分工的不断深化，中心城市通常出现产业综合体，产业体系相对健全，产品种类相对齐全，这些城市也是城镇组群中服务业的集中区域。与此同时，中心城市由于受到土地、资源等现实条件的束缚不可能占尽所有产业门

---

① 孙浩进等：《我国产业转移的区域福利效应研究》，《区域与城市经济》2014 年第 2 期。

类，而周边城镇弥补了这一不足，如昌吉弥补了乌鲁木齐在农业、轻工业等方面的不足，其生产的农产品和轻工产品可以供应乌鲁木齐的需要。随着各个城镇组群社会经济的发展及各城市市场分工的进一步深化，进行交易的产品越来越丰富，交易活动日益频繁，交易频繁度越高意味着中心城市与周边城镇之间交易量日益增大，这就要求进一步突破城镇组群内部的贸易壁垒，为降低交易成本而大力推进城市间交通等基础设施建设。推进中心城市与周边城镇协同发展，有利于城镇组群内部市场的开放统一和贸易的自由化，消除各种不利于产品流通的限制。

（五）制度协调推进的引领力

推进中心城市与周边城镇的协同发展既需要发挥市场机制的资源配置作用，也需要政府的行政协调。综观其他地区中心城市与周边城镇的合作，在启动之初，政府都在其中起到关键作用，如长三角、京津冀、珠三角等合作区域的形成，都是区域内省市乃至国家推动的结果，新疆中心城市与周边城镇的合作也如此。新疆城镇组群的中心城市主要是各地州的首府城市以及乌鲁木齐、克拉玛依两个自治区直辖市。通常这些城镇组群中心城市政府在区域合作中起到了先导作用；随之，周边城镇逐渐积极响应。在城镇组群的发展过程中，各城市政府以及上级政府需要对不利于城镇组群健康发展的体制机制进行改革，建立有利于中心城市与周边城镇协同发展的合作机制，尤其要按照区域发展规律引导城镇之间的协调与合作，突破形成区划的限制，充分发挥中心城市的辐射带动作用，同时促进资源、劳动力、资本等要素的优化配置以及产业的合理布局。

二、合作模式

（一）高层整合模式

在新疆推进中心城市与周边城镇协同发展的过程中，自治区以及各地州党委和政府在其中扮演了重要角色，其中"以党委一体化促区域一体化"模式[1]尤为突出。由于当前新疆的各个城镇组群普遍存在着"行政区经济"的现象，行政界限在一定程度上成为区域经济发展的桎梏，地方保护主义、政策壁垒严重影响了城镇组群的整体协调发展。乌鲁木齐市作为新疆的首府，具有较强的经济实力，人才优势、资金优势和技术优势明显。但受自然条件制约，缺乏经济腹地，水资源和土地资源匮乏，人口、环境、交通等城市问题突出。而昌吉回族自治州（以下简称昌吉州）面积广阔、资源丰富，州府所在地昌吉市距离乌鲁木齐市中心只有 35 千米。由于行政区划的限制，昌吉州难以承接乌鲁木齐市的产业转移，

---

① 郑春勇：《以党委一体化促区域一体化模式研究——基于新疆自治区乌昌党委和吉林省延龙图党委的分析》，《经济论坛》2011 年第 1 期。

无法有效接受经济辐射。在这样的现实困境下，推进乌鲁木齐与昌吉州的协同有序发展就有了现实的迫切性。

鉴于党在我国社会和经济发展中的领导核心地位，跨区域设立党组织就成为解决民族地区区域一体化难题的突破口。为了走出困境，乌鲁木齐市和昌吉州试图用党委一体化来促进区域一体化，也取得了不错的效果。联合党委是目前最权威、最高效、组织最严密的区域协调组织，它实现了区域规划和决策的高度统一，打破了区域内固有的利益格局，绕开了行政壁垒和法律限制，可以有效地统筹协调和监督区域内各部门的工作，为区域一体化提供可靠的政治保证和强劲的发展动力。

2004年12月，新疆维吾尔自治区党委和政府决定，在不涉及乌鲁木齐市和昌吉州行政区划调整的前提下，成立"对乌昌地区经济社会发展负有领导责任"的自治区党委派出机构——乌昌党委，加强一体化工作的统筹协调力度。乌昌党委的成立不涉及行政区划调整，没有专职人员，其成员由原组成单位的党委成员担任，书记由乌鲁木齐市委书记担任；乌昌党委统一对两地党委、政府进行工作部署，两地人大、政协配合，合并两地发改委、招商局、规划局、旅游局等重要机构，具体工作责任分工明确，有效推进了各项工作的开展。为加快乌昌两地组织融合、思想融合，乌昌党委正在有计划、有步骤地实施乌昌两地干部交流任职制度，交流对象从年轻后备干部中选拔。通过两地干部交流层面的不断扩大，为乌昌一体化打下了坚实的组织基础。乌昌党委的经验在新疆协调区域发展中也起到了示范带动作用。2005年6月，为加快推进新型工业化，巴音郭楞蒙古自治州委提出了库尉经济一体化的重大战略决策，成立中共库尔勒市尉犁县委员会，协调库尔勒市和尉犁县库发展。

（二）园区合作模式

城镇组群中的中心城市发展阶段较高，处于产业结构转型升级时期，产业转移刻不容缓，一方面，中心城市迫切需要通过产业转移腾出更多的资源和空间发展高技术含量、高附加值的产业；另一方面，企业需要积极地对外扩张和开展合作，通过与周边城镇的联动发展进一步提升产业和企业在全疆和全国的竞争力。在这种环境下，园区合作模式成为周边城镇承接中心城市产业转移的重要依托。

伊犁河谷城镇组群以伊东工业园、伊南工业园、城镇工业园、伊宁国际物流园为支撑，积极发展环保型煤化工产业、出口加工业、现代服务业等。加快推进"一区四园"管理运营，加强各园区和周边县市、团场的沟通联系，辐射带动其他园区，实现互利双赢，努力打造全疆最为强劲、最具活力的经济增长区。

奎屯—独山子石化工业园是克奎乌城镇组群融合经济发展的有力例证。2006年4月5日，奎屯—独山子石化工业园正式启动建设。该石化工业园的建设是加快天山北坡经济带发展，充分利用周边地区、周边国家资源、两个市场，促进优势资源转化，发展新疆经济的重要举措。工业园规划占地面积 112.58 平方千米。独山子千万吨炼油和百万吨乙烯工程于 2007～2008 年陆续投产，生产近 300 万吨的化工产品，这为工业园形成以精细化工为核心产业，同时带动其他相关产业发展的产业集群奠定了基础。

库车城镇组群各城镇也积极共筑经济体系，共同构建东部经济圈。按照区域化、园区化发展的要求，在东部以库车为中心、库（车）—拜（城）为主线，将石化工业项目集中在库车石化工业园区集聚发展，将煤焦化等项目集中在拜城集聚发展，形成东部工业隆起带，带动新和、沙雅等县的工业发展。

（三）点轴共进模式

根据点轴开发理论，由于增长极数量的增多，增长极之间也出现了相互联结的交通线，这样，两个增长极及其中间的交通线就具有了高于增长极的功能，理论上称为发展轴。加快城镇组群内各城镇间交通基础设施建设，特别是提高中心城市与周边城镇的交通可达性，形成发达的区域交通网络，将对城镇组群的协同发展形成巨大的推动力。长期以来，新疆城镇发展呈现平面式扩张格局，"点"与"点"之间联系松散，部分中心城市的扩散效应不能发挥作用，造成"点"与"面"之间的差距反而拉大，经济增长的利益不能及时为城镇组群其他城镇所分享，区域整体发展后继乏力。因此，重视"轴"，即交通干线的建设，将有效促进中心城市与周边城镇的交流合作，促进城镇组群的协调发展。

克拉玛依独山子区、奎屯与乌苏之间道路相通，交通便捷，为三地的协同发展奠定了重要基础。奎屯、乌苏和独山子同位于北疆铁路沿线的结点位置，处于天山北坡经济带的交通要道上，具有良好的区位条件。该区公路交通以奎屯为中心，成"十字"形展开。三地间的交通主要由 312 国道、217 国道相连接，已经实现了奎屯、乌苏和独山子之间的道路相通。由于行政区划的分割，三地交通运输业及相关产业的发展不能形成相互协作，仍有待进一步加强。

伊犁州交通运输局结合州直区域经济发展新特点和州直公共交通运输行业发展现状，积极探索和建立城际公交发展运营模式，明确提出了加快推进州直城乡和城市群公交一体化建设，并委托江苏省交通科学研究院开展启动了伊—霍经济圈城际公交一体化专项规划编制工作。伊—霍经济圈城际公交一体化专项规划将对今后伊犁州直公共交通运输行业优先发展提供重要依据，对紧密区域联系，促进人员交流，促进城市空间结构调整和优化，提升公共交通服务整体水平都具有重要意义。

公路交通也成为喀什—克州城镇组群腾飞的有力助推器。喀什市、阿图什市两大城市之间的交通、通信网络正在进一步完善中，未来将加快完善城市功能，增强辐射带动周边区域发展的能力。3012 国道阿克苏—喀什高速公路、215 省道三岔口—莎车高速公路、3013 国道喀什—伊尔克什坦口岸公路、310 省道麦盖提—喀什高速公路等项目相继建成。

第三章 国内外城市群一体化发展机制经验借鉴

第一节 国外典型案例

一、美国（大都市区的城市政府协会、政府协议和特设机构模式）

美国是大都市区概念的发源地，也是大都市区发展进程最快和最明显的国家。大都市区包括一个大型的人口中心及与该中心有较高经济、社会整合程度的社区。目前，美国有 80% 以上的人口生活在大都市区，其中居住在百万人口以上大都市区的人口超过总人口的一半。

美国大都市的发展是居住城市郊区化的过程，即居住地从城市向郊区的迁移，但迁往郊区的人口的就业岗位仍然在城市，郊区化过程改善了城市生活质量，缓解了中心城市人口密集、交通拥堵、住房紧张、环境污染等问题。同时，中心城市的居住、生产职能，以及强化其流通、信息等的服务性功能被逐步削弱，使之成为信息交换和经济决策中心。实现了中心城市功能的转变，完成了工业经济向服务性经济的转换和升级。

美国大都市区协调管理机制。一是县市合并，通过市、县行政区划上的调整解决超越行政区划的界限问题；采取中心城和郊县直接合二为一的方式解决当某项决策牵涉到整个大都市区时，由于中心城市和郊区行政分割影响决策及其实施的问题。二是建立有权威的大都市区政府，作为具有较高权威性的区域政府为协调区域性矛盾，解决单一城市政府无法解决的区际问题而成立。如"双城大都市区议会"和"波特兰大都市区政府"，这些政府组织已经成为解决许多区域性重大问题的灵活而有效的区域性行政组织。三是组建半官方性质的地方政府联合组织，在大都市区中有许多问题单个地方政府根本无法解决的背景下，一种由地方政府自愿联合，获得联邦和州政府支持的半官方性质的、松散型的行政组织——地方政府协会诞生了。如南加州政府协会是其中最大的政府协会之一，其成功之处在于编制和实施了区域性交通规划。四是设立功能单一的特别区及其专门机构，在美国政治文化传统中，强调的是地方自治，它们宁愿建立管理体制，不肯建立政府体制，因此设立特别区和专门机构就能有效协调利益冲突、提高资源共享性。五是政府间签订合约，主要是公共设施方面的合作，按市场法则进行。如洛杉矶市在筹建污水处理厂时与周边城市进行了广泛的磋商，最后与29个城市签订合约，洛杉矶市投资46亿美元兴建日处理能力4.5亿加仑的污水处理厂（目前规模居世界第二），其他29个城市有偿共享。签订合约较多的是警察与消防方面的合作。另外，还有图书馆、公立医院等市与县政府签订合约的例子。合约方式把市场法则引入行政管理领域，受到普遍欢迎。

二、英国（大伦敦城市群行政架构的一体化协调模式）

英国大伦敦都市圈又称伦敦—伯明翰—利物浦—曼彻斯特城市群，是以伦敦—利物浦为轴线组成的都市圈，包括大伦敦地区、伯明翰、谢菲尔德、利物浦、曼彻斯特等大城市和众多的小城镇，总共由33个相对独立的行政区划单元构成。从管理层级来看，当前伦敦大都市区采取的是"大伦敦管理局—自治市—选区"三级管理体制。

英国政府采取了各种措施来解决区域经济差异这一问题。第一，建立区域性合作组织。区域性合作组织的建立能有效做到统一管理、实现利益整合，这类组织共同承担起伦敦各项服务的日常运营工作。在所有的区域性组织之中，以下组织对于伦敦的发展和规划起着关键作用：伦敦政府办公室、伦敦规划咨询委员会、伦敦第一、伦敦区域交通局、泰晤士河水务局、伦敦政府协会。第二，充分发挥区级政区的协调作用。区级政区位于城市管理的中间层级，是大城市的基层行政区划单元，也是设置基层政府的主要空间载体，在城市治理领域有着相当的重要性。区级政区不仅能协调市级政府与社区组织的关系，还能处理与周边其他市辖区的关系，无论是在管理体制改革，还是区划格局的调整上，区级政区都是其中一个相当重要的运行层面。第三，及时调整区域政策。由于欧洲一体化步伐加快，各成员国在统一大市场的要求下积极调整本国区域政策以适应全球一体化环境发展的需要。英国区域政策调整的趋势更多的是依靠欧盟的财力来解决其国内区域经济问题，减少本国政府在区域政策方面的财政支出，英国借助"欧洲区域发展基金"制定了一系列符合本国区域政策的目标。另外，在调整过程中，鼓励地方政府与欧盟有关机构直接联系，以影响共同体的区域政策，争取本国政策得到更多利益。第四，实行行政（市长）和议会分权管理。这种管理模式能对各部门的管理职能进行有效分工，市长代表大伦敦管理局行使行政权力，议会则掌握审查权。前者负责政策制定、预算编制、机构人员的任命等，后者承担咨询职能，并且有权审议市长的各项建议。

三、法国（市镇联合体协调模式）

法国是一个传统的中央集权国家。国家权力在集权、权力下放以及地方分权的动态调整与发展中逐渐形成了当前法国政府区域管理的基本框架，形成了法国地方治理中独特的组织结构形式，即市镇联合体协调模式，较好地处理了联合体与成员市镇之间的权力和职责分配问题，克服了高密度市镇设置造成的地方治理破碎化问题。具体做法有以下几点。第一，法国政府区域管理实行府际联合。基于自愿原则，自行联合以便扩大规模解决单个市镇无法解决问题而建立公共组织；通过签订区际协定或组建共同利益机构实现大区联合；省级会议通过设立由委员会管理的具有法人资格，实行独立核算的省际联合组织，来辅助跨区域地方政府管理。第二，实施国土整治政策。1950年，法国建设部提交"国土整治计划"。1955年，法国政府将本土分为22个大区。为实现区域经济协调发展，制定了一系列区域发展远景规划河图的整治政策，经过多年来的国土整治，法国政府的统一领导能力加强，并且推动了区域发展，缩小了各地区的差距，使法国西部地区发展加快。第三，专门性立法。在法国，各级地方政府均有各自的专门性法律。同时，围绕分权与地方自治的每一次改革，法国政府都对其配有相应的法律制度。如1872年颁布了《大区设立和组织法》，1884年颁布了《市镇法典》。此外，围绕地方分权改革，法国政府于1982年颁布了《关于市镇、省和大区的权利和自由法》，合理划分了央地关系及其各自职责，以法律形式明文规定了地方政府的权力与管辖范围，奠定了央地关系的法律框架。1982年以后，法国政府先后颁布了多项法案和多个法令予以补充和完善，对中央政府与地方政府之间以及各级地方政府相互之间的职责权限做了更科学、更明确的划分。第四，实行行政双轨制。法国政府区域管理的核心是行政双轨制，在法国的地方制度中，权力下放组织和地方分权团体同时在地方层面发挥职能，共同称为共和国的地方行政组织，即中央集权与地方自治两种体制并存的地方制度即称为地方行政双轨制。通过权力下放、地方分权建立的行政双轨制既能实现中央政府对地方行政首长和地方财政的有效牵制，又能充分发掘法国地方自治潜能；既能加强中央集权，又能实现地方自治；既能避免集权独裁，又能防止"诸侯经济"、"地方割据"，从而成为法国政府重要的区域管理体制。

四、日本（东京都市圈协调发展规划）

日本区域一体化针对不同层次的区域表现一体化的形式是多样的，如日本的区域发展、都市圈建设、广域行政、市町村合并都采用了不同的模式，构建了以点带面的经济发展格局。东京都市圈作为日本三大都市圈之首，以金融中心为核心，是日本最大的城市集群。

城市规划方面，为减轻东京人口、产业过于集中以及面临自然灾害时东京城市功能瘫痪等问题，政府把核心城市的部分职能转移和分散到周边城市。"二战"后，日本先后提出了各种发展规划，明确了全国国土整治与地区开发总体方向和方针，使国民充分了解了政府施政的方略，也为引导企业和地方资金投向提供了重要的参考。1970年，提出"多中心城市"发展规划，形成东京都市圈内大中小城市协调发展的格局。升级和改造交通系统也是日本协调区域发展的重要举措，尤其是大力推进落后地区的基础设施建设。政府加大资金投入并鼓励私人企业和财团法人投资建设交通道路，跨地区干线道路和高速公路由中央政府承建，城市间的干线和支线道路由地方政府建设。近年来高速公路—城区地铁—城市轻轨—城际高铁为东京都市圈构建了城市立体交通网络，拉近了区域内城市的经济距离，加快了城市间人口和生产要素的自由流动，为城市功能定位与产业合理布局提供了基础，进而促进了东京都市圈的形成。

产业布局方面，各城市协调发展的核心是区域内产业间的协调发展。东京市也经历了从以重、化工产业为主到第三产业为发展核心的转变，东京也由全国性经济中心向国际化大都市转型。随着中心城市快速发展，众多的人口和企业集聚到该城市，城市规模迅速膨胀，中心城市的物价、地价等飙升，环境污染加剧等问题的出现，很多企业、政府机关、娱乐场所以及基础设施等开始向郊区转移，进而带动了人口向城郊集聚，促进了郊区城市化的发展。城市中心则更多地发展金融机构、商业等服务业，推动了城市产业结构的调整与升级，促进了城郊资源的优化配置。与此同时，各核心城市根据自身资源、自然条件等特色，发挥自身比较优势，形成具有自身优势的产业集群，合理分散区域内的产业布局，东京都市圈内形成了明显的区域职能分工体系与合作体系，达到和谐发展的状态。

政策制度方面，日本是一个单一制的中央集权国家，其地方政府体制是由中央政府创立的，中央集权色彩依旧很浓。为将中央职权分散到各个地方去，日本中央和地方制定了协调区域经济与地方利益冲突的一系列制度与措施。中央层面依据经济发展阶段适时调整和制定区域经济政策，运用立法手段来保障区域经济的连续性，如制定《关于今后推动行政改革的方针》《地方分权推进法》等法律法规，保证了地区开发特别是落后地区开发的顺利进行，真正实现了地方的自治。另外，日本政府还通过财政转移支付、税收减免、价格补贴等政策对落后地区提供援助来引导都市圈协调发展。地方层面实行"广域行政"，即独具特色的跨区域行政协调制度。具体做法是跨区域政府联合发展各区域，如事务委托、部分事务组合、设立协议会、设置共同机构、成立区域开发事业团、开展地方行政联络会议。地方政府被赋予了更大的权限，建立跨区域的政府协调制度以保证各区域联合发展、协调发展，达到最优的发展状态。

五、欧盟（跨国协调区域经济政策）

欧盟自1993年成立以来，经过先后的六次扩大，现拥有27个成员国，人口达到4.8亿，经济总量超过10万亿欧元，已成为目前世界上发展最快、一体化程度最高的集团。面临全球化带来的不断增强的竞争压力，城市之间的协同发展可以使欧洲的区域能够在世界上更有效地运作。作为整个欧洲的中心，由伦敦、巴黎、米兰、慕尼黑和汉堡组成的所谓"五边形"被认为是欧洲真正具有全球意义的经济一体化区域。在欧盟一体化进程中，欧盟从总体上、各成员国从自身发展上采取了积极的措施，以解决区域经济发展不平衡问题，进一步促进区域经济的协调发展。

制定了适合整个欧盟区域经济协调发展的稳定的区域政策。欧盟为各国发展制定了明确的目标，促进落后地区的发展和结构调整；帮助工业衰退地区转型；采取预防措施，使劳动力适应工业结构和新技术的变化；加快人口密度极低的地区的发展。欧盟为不同时期的发展状态制定了"一揽子"资助策略。为缩小欧盟成员国之间区域经济发展水平差距，采用金融手段和行政手段相结合。金融手段主要是通过欧洲投资银行为欧洲经济一体化提供资金支持，主要用于交通和通信基础设施的建设、对工业和服务业的投资、城市基础设施以及健康和教育基础设施建设。依据各国产业发展现状和优势，推进区域产业结构与布局调整。英国采取措施扶持东北部载煤工业发展；法国加强东北老工业区的再工业化，扶持冶金、煤炭和纺织业，建立新兴产业部门，发展第三产业；德国引导鲁尔区从煤炭、钢铁为主的传统工业向结构多样化的综合工业区方向转变，大力发展煤炭深加工行业，进口石油以发展化工和电气工业，20世纪70年代又增加了电子工业和汽车制造业。在实现欧盟一体化过程中，为保证各欧盟国家协调发展，建立了多层次的区域政策协调体系，构建了"多层次、网络状的区域协调体系"。

在欧盟统一区域政策的基础上，欧盟各成员国也实施了一些区域协调发展政策，以实现自身的协调发展。第一，对自身的传统政策在整个欧盟大环境下进行了适当的调整。英国把三级受援地区制改为两级受援地区制，即发展地区和中间地区，取消了以前所设的"特别发展地区"；法国通过政策限制特大城市的扩展，调整全国城市空间结构，加速发展地方中小城市和卫星城市，建立多级城市及城市群，实行"山区特别补贴制度"，发展山区工业、发展旅游业、保护资源、发展交通等。第二，各国实施有效的财政政策促进区域经济的协调发展。德国实施了财政平衡政策，联邦、州和各级地方政府间通过平衡拨款的横向平衡和垂直拨款的纵向平衡，达到各州和各地方财政力量的相对平衡，从而达到各地区经济发展和生活水平的相对平衡。法国实施了有利于缩小地区发展差距的财政税收政策，包括经济和社会发展基金，为大城市的外迁企业补贴；设立农村开发与国土整治部际基金，法国政府通过合同方式给地方政府奖励。英国加大开发区的财政援助，对制造业的投资补助40%，对购地的制造商补助35%的地款。

总之，这些国家的城市化水平目前都已非常高，在基础设施方面都已形成了完善的网络结构，能够很好地解决城市化发展所带来的人口、交通、要素过度承载等问题。人口密度相对较低的"纽约都市圈"采取的则是以高速公路网为骨干，同时具有一定规模的轨道交通网的交通发展模式；伦敦和巴黎的交通模式则是轨道交通和高速公路并重；而人口密度大的"东京都市圈"则采用了以轨道交通为主的交通发展模式。

各国根据国家治理模式的不同制定了不同的协调发展政策。美国是联邦制国家，联邦政府用行政、法律、经济等手段对区域经济事务进行有效调控，政府层面设立区域管理机构、制定财政政策、完善法律制度、对区域进行科学规划等，区域层面组建区域性组织、签订州际协定，地方政府间的横向合作以及地方政府同州政府的纵向合作，不同层面相结合的管理与协调为推动大都市发展起到保障作用。法国和日本是单一制国家，都是典型的中央集权国家。为推进各个地区城市化协调发展，法国和日本都将权力下放到地方，削弱国家与城镇、城镇之间的等级制度，赋予地方更大的发展空间。法国市镇联合体的协调模式的显著特点是市镇和城市有极大的自由选择权利，可以根据自己的需要自愿参加周围临近的几个市镇联合体，即借助行政力量又不重构行政层级框架，不增加新的行政层级，各城镇之间没有行政等级制度，有足够的自我发展空间。日本是由中央制定宏观的一体化发展目标和政策以推动各地区协调发展，地方实行"广域行政"，使各地跨区域协作、平衡发展。

这些国家的城市化水平都排在世界前列，并且在不断提高。美国在积极推进区域一体化发展的进程中，都市群有着高度的聚集性和影响力，所形成的城市群、都市圈以及产业集群等现代空间组织形式占据了其全国75%左右的经济能量和人口、科技等，在美国现代产业体系发展过程中起到了重要的助推作用。美国城市化发展速度较快，城市化发展水平在1950年已达到64.2%，1980年达到73.7%，2000年达到78%。19世纪60年代，最先开始于英国的工业革命极大地解放了生产力，给英国的经济结构和社会关系带来了空前的变革。伴随着工业的发展和经济的增长，城市化水平不断提高。目前，英国的城市化发展水平属全世界最高，1950年就已达到84.2%，1980年达到90.8%，2000年达到93.7%。法国城市化发展水平在1950年也达到了56.2%，1980年达到75.2%，2000年达到

82.4%，发展速度很快。同样，日本城市集群式发展非常突出，城市人口高度集中，城市化水平也是逐年提高，1950 年达到 50.3%，1980 年达到 76.2%，2000 年达到 79.3%。

第二节　国内典型案例

一、长江三角洲城市群

长江三角洲城市群是指以上海为中心，包括江苏省以及浙江省的 16 个城市在内的区域。长三角地区一体化发展基础较好，地域相邻，文化相融，人员交流和经济往来密切，形成了多层次、宽领域的合作交流机制，具备了一体化发展的良好条件。在新的历史阶段和新的历史起点上，长三角地区建设全国区域一体化的先导区，不但有利于整合资源、优势互补、实现共赢，更有利于提升其综合实力和国际竞争力。

目前，长三角区域一体化发展已经形成。一是地方政府职能部门的合作不断向广度和深度推进。各地各级政府职能部门通过对话沟通、会晤交流、友好协商，在工商、金融、信息、交通、旅游、会展、科教、文化、人才、人力资源等众多管理领域达成了广泛的共识与默契。两省一市政府按照互惠互利、共同发展的原则，积极探索建立以政府推动、市场调节、企业为主体的合作发展机制，整体推进区域合作与交流。1992 年，长三角 14 个市经济协调委员会发起成立长三角 14 个城市经协委办主任联席会，1997 年根据各地的提议，升格为各市市长或分管市长参加的长三角城市经济协调会。如今已历经长三角多个城市市长联席会议，升级为苏浙沪三地常务副省市长联席会议，长三角的会议协调机制日益成熟。二是各地市场融合与经济联系日趋紧密。区域内各城市之间、企业之间的各种招商引资、商贸洽谈、产权交易、企业并购、技术合作等活动十分频繁，市场融合与经济联系日趋紧密，如上汽集团、宝钢集团等近年来在长江三角洲区域内的扩散与布局。区域内的经济合作也在不断发展，政府间协作项目不断增多，以企业为主体的跨地区兼并和投资也有很大发展。政府、企业与社会中介组织互动，"走出去"与"请进来"并举，两省一市共同签订了众多协议。三是长三角地区发展战略的重大调整。针对利益主体的多元化和地方化倾向造成乃至加剧区域内部、城市之间的相互竞争这一问题，江浙沪三省市发展战略方针提出重大调整，政府领导发展观念发生重大转变，达成了以上海为龙头、江浙为两翼，共同推进长三角区域经济一体化，构筑整体竞争力强大的长三角经济板块的共识。

2007 年 7 月，围绕"取苏浙之经，创上海之新"的主题，前任上海市委书记习近平率上海市代表团相继造访苏浙，随即两省代表团回访上海，就加速一体化进程再续历史篇章。通过两省一市各有关方面的共同努力、合作推进，区域内合作交流进一步加强，合作内容不断深化，合作领域不断拓展，合作机制逐步完善，重点领域的合作取得了新进展。

二、珠江三角洲城市群

珠江三角洲地区是指位于中国广东省珠江三角洲区域的九个地级市组成的经济圈，是我国改革开放的先行地区，是中国重要的经济中心区域，在全国经济社会发展和改革开放大局中具有突出的带动作用和举足轻重的战略地位。该地区已经成为世界知名的加工制造和出口基地，是世界产业转移的首选地区之一，初步形成了电子信息、家电等企业群和产业群。随着改革开放不断推进，珠三角城镇群联系要素不断丰富，从初期基于河流等地理要素的有限联系，转向中期基于商品贸易等要素的经济联系，到后期基于社会、经济、文化等多层面的全方位、宽领域和多层次的广域联系。城镇群空间结构层面，先后经历了"无中心—单中心—双中心—多中心—多中心、多组团"等演进阶段。

推进珠三角地区发展有以下几个方面。一是对珠三角城市群内九个城市进行了重新定位，明确各城市的发展目标及在一体化发展中的地位和作用。根据珠三角九城市当前的实际，对各城市的发展方向进行了明确的规划。发展深圳、广州两个中心城市，以带动周边城市发展。并以珠江为分界线，把珠三角划分成珠江口东、西两岸两个产业发展带：优化以深圳为核心，以东莞和惠州为节点的珠江口东岸地区功能布局；提升以珠海为核心，以中山、江门、佛山及肇庆等城市为节点的珠江口西岸地区发展水平。在珠三角充分发展的前提下，发挥珠三洲的辐射、服务和带动功能，带动了以粤东、粤西、粤北及周边省、区等环珠三角地区的发展，在粤东、粤西、粤北地区培育了新的经济增长极。二是制度保障，机制、体制与制度的创新。珠三角各市正在大胆探索体制创新，打破行政体制壁垒，改革现有财政收支体制，完善政府考核奖惩制度。珠三角各城市已进行了一些尝试，如基于珠三角各城市共同发展而成立的珠三角九市市长联席会议，各相关职能部门定期召开的专项协调委员会，广州、深圳等启动的旨在提升行政管理效率，节约管理资源的行政体制改革，基于区域内部流域的上下游城市而组建的流域治理委员会，都将为珠三角区域经济一体化发展起到保障作用。三是制定了一体化发展规划。为了协调各经济地域单元之间的竞争，实现区域经济的一体化发展，提升区域整体实力，1995 年，广东省政府制定了《珠江三角洲经济区经济社会发展规划（1996～2010 年）》。2003 年，对该发展规划进行了调整，2004

年，建设部与广东省政府联合制定了《珠江三角洲城镇群协调发展规划（2004～2020年）》，这是我国第一个通过立法形式保障区域城市群经济一体化发展的地方法规。此后还制定了"基础设施建设"、"基本公共服务"、"产业布局"和"生态环境保护"等一体化专项规划。

三、京津冀经济圈

京津冀经济圈在长江三角洲、珠江三角洲经济区域崛起之后，正逐渐显现出将成为中国区域经济一体化的第三极的趋势。京津冀地区具有优越的区位优势、济济的人才优势和雄厚的产业优势，具备发展市场经济的良好条件。近年来，京津冀区域的经济社会发展取得了长足发展，整个区域的地区生产总值、地区财政收入、全社会固定资产投资等经济指标均实现了大幅度增长，已形成"三二一"的产业结构。

目前，京津冀一体化已做了以下几方面的工作。一是确定打造首都经济圈的区域发展总战略。根据京津冀地区资源环境条件、经济社会联系、城镇空间分布格局、交通体系现状以及各城市发展定位等，以融入首都大都市区发展，消除环首都周边地区贫困为目标，打造以北京为首的经济圈的空间发展格局。二是交通网状化。目前，京津冀交通一体化进程正在顺利进行之中，正在紧密协作，联手推进区域内海港、空港、公路、铁路多种运输能力建设。北京与天津港口岸开始直通，两市实现了港口功能一体化；首都国际机场和天津滨海国际机场联合，率先实现了中国民航跨区域机场的整合；同时，以北京为中心，以京津为主轴，以石家庄、秦皇岛为两翼的城际轨道交通网络正在建设，它覆盖着京津冀地区的主要城市，基本形成以北京、天津为中心的大交通网络体系。交通基础设施的建设可以有效缓解区域交通运输的紧张状况，为将来各区域高速发展提供基本保障，推进城镇化和经济一体化的进程。三是各地达成区域合作共识。自2004年以来，京津冀以及环渤海地区有关省、直辖市、自治区本着"合作、发展、共赢"为主旨，在合作上进入加速阶段，2004年各方先后达成有关协调合作的《廊坊共识》《北京倡议》《合作框架》，这都为各方决策层的未来决策思路和发展方向奠定了基础。四是明确的产业规划。根据2010年国务院出台的《京津冀都市圈区域规划》各城市依据自身功能定位发展不同的产业，以确保产业发展的优势以及各地的互补作用，形成产业多元化、区域化。2015年，中央政治局会议审议通过的《京津冀协同发展规划纲要》指出，推动京津冀协同发展是一个重大国家战略，核心是有序疏解北京的非首都功能。北京市是全国政治中心、文化中心、国际交往中心、科技创新中心；天津市是全国先进制造研发基地、北方国际航运核心区、金融创新运营示范区、改革开放先行区；河北省是全国现代商贸物流重要基地、产业转型升级试验区、新型城镇化与城乡统筹示范区、京津冀生态环境支撑区。要在京津冀交通一体化、生态环境保护、产业升级转移等重点领域率先取得突破。

总之，我国三大经济圈在交通基础设施方面正在逐步建设和完善，国家也给予了政策和资金方面的大力支持。人口密集、城市扩张速度快、产业集聚增加是我国城市发展的特点，这与日本东京都市圈的发展具有一定相似之处，日本东京都市圈以轨道交通为主导的集约化交通发展模式更加符合我国的国情，值得学习和借鉴。2005年3月，我国第一个公路水路综合交通区域规划《长江三角洲地区现代化公路水路交通规划纲要》（以下简称《纲要》）正式出台。《纲要》对2004～2020年的长三角公路水路交通发展做出了具体描述。按照《纲要》规划，长三角地区已经形成并将进一步强化"两纵三横一圈"的综合运输通道。《纲要》首次打破了地区、体制及行业界限，从整合长三角地区交通资源的角度出发，真正意义上实现长三角交通一体化。交通等基础设施建设是珠三角经济圈战略启动的第一步，也是最关键的一步。目前，交通部已着手组织九省区交通部门编制《泛珠江三角洲区域合作公路水路交通规划纲要》，其中包括到2010年基本建成区域高速公路网络骨架和区域公路运输枢纽系统等目标。

由于区位的不同及城市圈内各城市发展条件的不同，长三角地区、珠三角地区和京津冀地区一体化发展进程也有自身的特点。长三角城市群区位条件优越，自然禀赋优良，经济基础雄厚，体制比较完善，城镇体系完整，科教文化发达，已成为全国发展基础最好、体制环境最优、整体竞争力最强的地区，2010年的城市综合竞争力排名全国第一。京津冀地区长期以来以政治文化见长，首都经济圈的发展使得京津冀地区的政府力量、国有经济力量非常强大，相反社会（组织）力量发育、民营经济较城镇失业率则相对弱一些，呈现出中心—外围的"梯度格局"和"圈层模就业人口式"。相对于长三角、珠三角地区，京津冀地区等级更加明显，经济社会发展速度和活力也较弱。

在一体化程度和城市化水平上三个地区也存在着差异，但在我国都处于较快和较高发展水平。据官方统计数据显示，1978年中国的整体城市化水平为17.92%，到2009年底，整体城市化水平为46.59%。长三角一体化协调程度目前是最好的，通过近年我国发布的统计数据来看，长三角地区生产总值和人均生产总值均为第一，长三角地区以高新技术产业为集群且发展潜力巨大。长三角地区城市化水平在2006年达到62.91%。2006年，珠三角地区城市化水平为79.4%，但近年来珠三角区域经济一体化程度最高，这是因为珠三角开放早，协同化程度高，城市联系紧密，又毗邻中国香港、中国澳门等国际化大都市，市场一体化效率高，经济发展较均衡。在生产总值和人均生产总值方面，京津冀地区明显滞后于长三角地区和珠三角地区，但从区域内部各省市区 GDP 平均增速来看，已超过其他两个地区。2006 年京津冀地区的京津地区城市化水平达到 80.84%，处在较高水平，但河北地区发展较缓慢。

第三节　经验和启示

从长三角地区、珠三角地区和京津冀地区城市群现有发展来看，商品经济发达，农副产品丰富，工业基础雄厚，外向型经济发达，已成为中国最大的几个城市群，但与大纽约区、大东京区等世界著名城市群相比，差距仍然存在。世界级城市群通常有着高效的统筹协调机制，协调各方利益，确保实现共赢；有着分工明确的产业协作体系，以发挥城市间的互补性。

一、建立跨地区的区域合作及协调机构

建立跨地区的区域合作及协调机构可使跨区域事务得到有效治理，进一步发挥地方政府的积极性。日本的各类跨区域行政组织都把区域规划作为政策重点，体现区域规划的全局性、战略性、长远性。在此基础上，由中央政府设立跨行政区的负责区域协调管理的综合性权威机构——区域协调管理委员会，并赋予相应的规划和调控权，由它来处理解决单一地方政府无力解决的问题。制定国家宏观经济政策时，需要合理协调均衡与非均衡的区域发展战略，通过制定适当财政政策激励优势区域的企业提高竞争力，采用转移支付等手段给予后进地区以财政支持，平衡区域之间在初次分配上所出现的利益差异。

二、建立公共服务型政府，减少政府直接参与经济活动

在市场经济条件下，政府职能转变主要是由管制型政府向服务型政府转变，政府职能由经济领域转移到公共服务领域，自觉运用经济手段进行宏观调控。政府主要职责是在市场失灵的公共产品和基础产业等非竞争部门直接投资和规划，为区域经济发展创造良好的外部环境；地方政府要积极配合中央进行公共产品投资等行为，并结合当地实际情况实施地方政策、提供地方的公共产品。

制定有利于市场经济发展的各种政策，通过经济手段来引导市场走向，而不是直接参与经济活动。在美国，自由企业制度决定了企业和市场成为投资开发的主体，靠市场竞争来优化结构、配置资源，促进落后地区发展；欧盟也是通过各种财政、经济手段来实现资源的优化配置，如通过结构基金来推动落后地区的发展；法国政府同样减少了对企业的干预，将"管理自治"作为指导国有企业经

营的基本原则，政府设立经济和社会发展基金来为区域协调发展提供保障。

三、加强法律制度建设，强化区域经济发展的制度保障

欧美国家在区域一体化发展中的经验值得我们学习和借鉴，市场经济的良性运行和有序竞争离不开完善的法律制度，中央政府对区域经济的规范、高效的管理也需要有法可依的制度建设。美国一直以来以法律要求交通、住房和环境拨款，通过区域组织予以分配，这就加强了经济圈内的地方政府在环保领域的合作；从日本的经验看，日本在区域经济开发中坚持法律先行，并以此规范地方政府行为，区域规划的顺利实施关键也在于法律保障。我国也应制定相关法律以规范和约束地方政府的行为和职能，限定地方政府的行为边界及区际交往原则。同时，加强司法，使地方政府在处理区际事务时有法可依。

四、重视区域经济的规划，加快产业衍化，推动城市群的发展

城市群发展到一定阶段会出现人口剧增、交通拥挤、地价飞涨、生态环境恶化等过度聚集产生的问题，为弥补市场经济缺陷，欧、美、日等国家都非常重视区域经济的规划。为防止伦敦城无限扩张，英国议会制定了"绿带法"，围绕伦敦建立九座新城，促进人口向外扩散，形成伦敦—伯明翰大都市经济带。为减轻东京人口、产业过于集中以及面临自然灾害时东京城市功能瘫痪等问题，日本政府把核心城市的部分职能转移和分散到周边城市，建立区域多中心城市。巴黎地区以保护生态环境为基本方针制定了总体规划，将区域分成建成空间、农业空间和自然空间，提出彼此兼顾、相互协调、共同发展这三个空间。

产业结构的合理规划就是区域经济规划和引导的结果。产业区位选择或产业演化主要受各城市市场容量、产业配套能力等因素的影响。因此，城市群内要加快产业演化进而促进城市群的形成，一方面要合理规划各类产业园区，为产业迁移创造条件；另一方面要加快城市群创新体系的建设，加快产业升级和不同产业在空间上的合理有序分布，形成功能一体化的分工体系。而作为地理上比邻的各地区，地方政府要找准各自区域发展中的主导产业，开发本地区优先发展的战略产业，以构建区域内合理的产业布局，避免重复建设和产业结构雷同。

五、建立有效的城市群治理结构

由于制度和体制的原因，我国城市群形成过程中存在行政功能区与经济功能区的矛盾和冲突。城市群形成过程中可以借鉴国外都市圈政府治理的实践，由中央政府部门授权，在目前存在的政府间合作框架基础上，按照经济功能区与行政功能区一致的原则，建立城市群独立的区域治理委员会，从组织层面保证"行政

区经济"向"经济区经济"转变，使城市群区域的机构系统与经济社会发展相一致。此外，还要充分发挥民间力量和中介组织在治理结构中的作用：一是充分发挥行业组织的积极作用；二是通过积极创设和利用非政府组织、民间组织，诸如商会、行业协会中介组织、咨询机构等，弥补政府合作作为单一的正式约束在协调地区事务中的不足。

第四章　新疆城镇组群一体化
实施进展回顾

第一节　新疆城镇组群一体化的区域范围

　　绿洲是新疆最重要、最普遍的宜居环境，也是城镇生成的基础和整个社会系统的基础，新疆历史上形成的主要城镇，基本上都散布在绿洲上，绿洲的分布格局使新疆城镇分布形成一种由交通线串联，北疆环绕准噶尔盆地，南疆环绕塔里木盆地，中央沿天山北麓伸展这样一种不均匀的串珠式城镇格局。城镇分布与绿洲空间分布呈现一致性。同时，资源开发对新疆新城镇的形成也起到关键作用。由于自然条件，新疆各城市间距较大，城市间平均距离达958千米，首府乌鲁木齐距各地州所在城市的平均距离为741千米。就其空间分布的现状分析，城市的空间分布并不是均匀的，但尚有一定的规律性，主要表现为群带、组团状和串珠状分布。①

　　中央新疆工作座谈会以来，新疆被定位为我国西部大开发的优先发展区域，近年来新疆经济社会发展取得了突出成就，直接或间接促进农村人口向城镇转移，城镇化水平也得到不断提高，但就目前而言，新疆城镇化水平相较我国其他地区仍然偏低，推进新型城镇化是一个重大战略。培育和壮大中心城市仍然是推进新疆新型城镇化的战略重点，同时，通过中心城市带动周边中小型城镇协同发展是加快新疆城镇化的重要举措。根据自治区政府组织编制的《新疆城镇体系规划（2012～2030年）》，新疆将打造城乡协调和可持续发展的"新型绿洲"，以绿洲为单元，以中心城市为核心，推进工业和人口向市县、重点镇集中，公共交通、基础设施和公共服务设施向乡镇、村庄延伸，推进城乡协调发展。②

　　各中心城市也积极抢抓机遇谋划自身发展战略，以乌鲁木齐、克拉玛依、伊

---

　　①　段汉明：《新疆城镇分布结构的特征》，《城市规划》2000年第6期。

　　②　《新疆新型城镇化：重点发展地州中心城市》，天山网，http://news.ts.cn/content/2013-11/20/content_8962459.htm。

宁、喀什、阿克苏等为代表的中心城市成为所在区域经济发展的重要节点和载体，新疆中心城市和周边城镇相互作用形成的城镇组群组建成为有机的经济网络。2014 年召开的第二次中央新疆工作座谈会上，中央提出把新疆建设成"丝绸之路经济带"核心区，具备了特殊区位优势、资源优势、政策优势和后发优势的新疆站在了构建"丝绸之路经济带"的最前沿，在这样的战略背景下，新疆城镇组群迎来了新的发展机遇，推进中心城市与周边城镇的协同发展，以点带群，由点及线，推进新疆城镇组群的成长显得尤为紧迫。

《新疆维吾尔自治区城镇体系规划（2010～2020）》确定新疆城镇空间结构为"一圈多群、三轴一带"的空间发展总体结构，"多群"主要包括喀什—阿图什城镇组群、伊犁河谷城镇组群、库尔勒城镇组群、克拉玛依—奎屯—乌苏城镇组群、阿克苏城镇组群、库车城镇组群、麦盖提—莎车—泽普—叶城城镇组群、和田—墨玉—洛浦城镇组群、塔额盆地城镇组群、阿勒泰—北屯城镇组群、博乐—阿拉山口—精河城镇组群等。通过定性和定量分析梳理乌鲁木齐都市圈、克奎乌城镇组群、伊犁河谷城镇组群、大喀什城镇组群、库尔勒城镇组群、库车城镇组群、阿克苏城镇组群以及和墨洛城镇组群八个城镇组群一体化协同发展的现状，为进一步提出路径选择和改进策略奠定基础。

新疆的八个城镇组群的中心城市分别为乌鲁木齐市、克拉玛依市、和田市、库尔勒市、库车县、阿克苏市、伊宁市、喀什市。共有 46 个城市、18 个市、28 个县，面积 51.74 万平方千米，人口 1504.7 万人，分别占新疆地区总面积的 31.17%、总人口的 66.92%。从行政级别上看，新疆城镇组群有 2 个自治区直辖市城市（乌鲁木齐市、克拉玛依市）、13 个县级市、4 个自治区直辖县级市（石河子市、阿拉尔市、图木舒克市、五家渠市）；从类型上看，有 5 个资源型城市，哈密市、阜康市被列入成长型城市，克拉玛依市、和田市、拜城县被列入成熟型城市；2 个老工业基地城市，即乌鲁木齐市和克拉玛依市（见表 4-1）。

表 4-1　新疆八大主要城镇组群的空间构成及其人口数量（2014 年）

城镇组群	城市数	包括的城市	总人口（万人）	中心城市	中心城市GDP（亿元）	中心城市人口（万人）
乌鲁木齐都市圈	8	乌鲁木齐市、石河子市、昌吉市、阜康市、五家渠市、呼图壁县、玛纳斯县、沙湾县	515.1	乌鲁木齐市	2202.85	256.68
克奎乌城镇组群	3	奎屯市、乌苏市、克拉玛依市（独山子区）	64.2	克拉玛依市	853.11	29.02
伊犁河谷城镇组群	6	伊宁市、伊宁县、霍尔果斯市、察布查尔县、霍城县、可克达拉市	155.0	伊宁市	162.66	53.57

城镇组群	城市数	包括的城市	总人口（万人）	中心城市	中心城市GDP（亿元）	中心城市人口（万人）
大喀什城镇组群	9	喀什市、阿图什市、疏勒县、疏附县、阿克陶县、岳普湖县、英吉沙县、伽师县、乌恰县	264.8	喀什市	160.95	57.11
库尔勒城镇组群	8	库尔勒、尉犁县、铁门关市、轮台、博湖县、焉耆县、和静、和硕	129.8	库尔勒市	653.41	56.86
库车城镇组群	4	库车县、沙雅县、新和县、拜城县	114.4	库车县	140.54	34.49
阿克苏城镇组群	4	阿克苏市、温宿县、阿拉尔市、阿瓦提县	119.5	阿克苏市	122.26	50.92
和墨洛城镇组群	4	和田市、和田县、墨玉县、洛浦县	141.9	和田市	46.24	33.15

资料来源：《新疆统计年鉴2014》。

按照世界城市群发展规律，城市群发展要经历发生、快速发展、成熟三个阶段。城镇化率在30%以下为发生阶段，30%～70%为快速发展阶段，70%以上为成熟阶段。如表4－2所示，和墨洛城镇组群、库车城镇组群和大喀什城镇组群的城镇化率均在30%以下，这三个城镇组群处于发生阶段；库尔勒城镇组群、阿克苏城镇组群和伊犁河谷城镇组群的城镇化率为30%～70%，这三个城镇组群处于快速发展阶段；乌鲁木齐都市圈和克奎乌城镇组群城镇化率在70%以上，这两个城镇组群处于成熟阶段。可见，新疆城镇组群的发展呈现出明显的区域不平衡，总体表现为北疆城镇组群发展相对成熟，南疆地区由于自然条件等原因城镇组群发展相对缓慢。

表4－2 新疆城镇组群城镇化率及发展阶段

城镇组群	城镇化率（%）	发展阶段
乌鲁木齐都市圈	72.09	成熟阶段
克奎乌城镇组群	77.82	成熟阶段
大喀什城镇组群	25.40	发生阶段
伊犁河谷城镇组群	40.24	快速发展阶段
库尔勒城镇组群	51.01	快速发展阶段
库车城镇组群	27.40	发生阶段
阿克苏城镇组群	41.98	快速发展阶段
和墨洛城镇组群	17.03	发生阶段

第二节　新疆城镇组群一体化实施进展评估

一、乌鲁木齐都市圈

乌鲁木齐都市圈是新疆经济发展最具活力的地带，占据天山北坡经济带龙头，在新疆经济社会发展中具有举足轻重的地位。乌昌一体化的历史始于1997年乌鲁木齐提出的都市经济圈计划，在新疆党委的支持下，乌鲁木齐、昌吉、吐鲁番、石河子、哈密联合成立了五地州（市）经济协作组织。2003年，乌鲁木齐市、昌吉市、阜康市、米泉市（后为乌鲁木齐市米东区）、石河子市、吐鲁番市、五家渠市联合组建了乌鲁木齐城市经济圈协作委员会。2004年12月，新疆维吾尔自治区党委和政府决定，在不涉及乌鲁木齐市和昌吉州行政区划调整的前提下，成立"对乌昌地区经济社会发展负有领导责任"的自治区党委派出机构——乌昌党委。在乌昌党委成立时，两地为积极推进一体化，做了很多尝试，但是最终一体化也没有实现。2013年，乌昌石城市群（乌鲁木齐都市圈）被国家发改委列为全国重点建设的10个城市群之一，范围包括乌昌都市区和石玛沙城镇组群的范围，具体为乌鲁木齐市、石河子市、昌吉市、阜康市、五家渠市及呼图壁县、玛纳斯县和沙湾县五市三县。虽然实施了统一的财政、规划、市场政策，但最终也没能实现，跨地区经济一体化始终因为无法突破行政区划所形成的地方保护和行政割据，没能取得实质性进展。乌鲁木齐都市圈一体化发展的经验有以下几点：

（一）建立乌昌党委领导体制，乌昌两地干部交流任职制度

乌昌两地根据自治区党委决定成立了乌昌党委，加强一体化工作的统筹协调力度。乌昌党委统一对两地党委、政府进行工作部署，两地人大、政协配合，合并两地发改委、招商局、规划局、旅游局等重要机构，具体工作责任分工，有效推进了各项工作的开展。为加快乌昌两地组织融合、思想融合，乌昌党委正在有计划、有步骤地实施乌昌两地干部交流任职制度，交流对象从青年后备干部中选拔。通过两地干部交流层面的不断扩大，为乌昌一体化打下了坚实的组织基础。

（二）确定"财政统一、规划统一、市场统一"为核心目标，尚未实现

成立乌昌财政局统一财政，将乌昌两地各县市区财政统筹由乌昌财政直接管理，两地的财政统一预算、统筹安捧、统一规划，制定乌昌一体化经济社会发展规划。两地统筹编制"十一五"规划、乌昌地区中心城市发展规划，按一体化发展要求完善公路规划、铁路规划、水资源规划、新区规划等各类专项规划。逐步建立一体化共同市场。实行统一的市场准入、招商引资、土地利用、资源开

发、环境保护、社会保障、人力资源管理、税收征管等政策。逐步消除两地在交通、通信、电力等方面的政策差异和障碍，确保加快区域市场要素资源合理流动。但尚未实现上述核心目标。

（三）行政区划调整，共建共营一体化的合作区域

将昌吉州的米泉市和乌鲁木齐市的东山区合并，建立米东新区。把米东新区的发展与改革作为乌昌一体化发展的示范新区，积极打造两城经济发展的新的增长极。自治区编制了《新疆城市群综合交通规划》，并上报国家发改委。规划范围为国家发改委确定的乌鲁木齐都市圈，规划内容框架主要为六大部分，包括前言、城市群发展现状、形势与要求、发展思路与目标、发展任务、政策措施建议，以及相关附件及图表等。规划提出，根据乌鲁木齐都市圈自身特点和发展实际，将着力构建国内、国际"两向六通道"城市群的对外交通格局和"一主轴、两枢纽、六节点"的城市群内交通格局。到2020年，城市群总人口达到600万人，城镇化率达到80%以上，城乡公共服务与基础设施网络建设水平整体达到我国东部地区平均发展水平。到2030年，城市群总人口达到700万人，城镇化率达到90%以上。

（四）乌昌区域大气污染治理联防联控，治理区域大气

乌鲁木齐邀请国内外专家，共同就城市大气污染成因进行分析，找出原因，并建立空气环境质量变化研究体系，以此为改善城市大气环境提供智力支持。石河子将对由于纺织、印染、造纸制糖及食品加工企业排放污水对蘑菇湖水库造成的污染进行治理，昌吉市正着手对头屯河进行治理，这些措施将对改善都市圈生态环境改善投资环境产生积极影响。乌昌区域实施大气治理"联防联控"，乌鲁木齐、昌吉、阜康以及五家渠的大气污染相互影响，昌吉、阜康以及五家渠的污染物很容易因为风向等原因飘进乌鲁木齐，影响乌鲁木齐市的空气质量，经济区域的同步发展需要同步解决环境问题。

二、克奎乌城镇组群

克奎乌位于天山北坡经济带的奎屯市、乌苏市、克拉玛依市（独山子区）、农七师三地四方所在区域，多年前就被国内经济专家誉为新疆经济发展的"金三角"地带，是新疆的重要经济核心区之一。无论区位、经济基础和城市规模都已经具备区域发展中心的职能与作用，但目前三市分别隶属于不同的行政管理区域，限制了其经济发展中心作用的发挥。陆大道院士提出：在充分考虑行政因素的基础上，通过一体化的基础设施建设整合"奎乌独"地区，制定一体化的基础设施规划，包括一体化的城市交通运输系统、统一的供水系统、统一的社会服务系统等，引导三城镇向一体整合，营造区域经济的发展极。在新疆"十二五"

规划中，将奎屯市作为全疆重要的纺织工业园区和交通枢纽来建设，将奎屯—独山子经济技术开发区升级为国家级园区，把克奎乌作为天山北坡重要的城镇组群，建成国家重要的能源基地和全疆重要的轻工业基地、商贸物流中心。

（一）奎屯—独山子石化工业园是克奎乌城镇组群融合经济发展的有力例证

奎屯—独山子经济技术开发区是 1992 年成立的奎屯经济技术开发区和 2006 年成立的奎屯—独山子石化工业园合并组建的国家级经济技术开发区。于 2011 年 4 月成功升级为国家级开发区；2012 年 2 月，被国家工信部授予"国家新型工业化产业示范基地"；先后被自治区列入重要的化工基地、棉纺基地、太阳能产业制造基地、"两化"融合试验区。园区内有新疆金玛依石油化工有限公司、奎屯锦疆化工有限公司、新疆奎山宝塔石化有限公司、新疆天正中广石化有限公司等多家魅力石化企业。

2006 年 4 月 5 日，奎屯—独山子石化工业园正式启动建设。该石化工业园的建设是加快天山北坡经济带发展，充分利用周边地区、周边国家资源、两个市场、促进优势资源转化、发展新疆经济的重要举措。工业园规划占地面积 112.58 平方千米。独山子千万吨炼油和百万吨乙烯工程于 2007~2008 年陆续投产，生产近 300 万吨的化工产品，这为工业园形成以精细化工为核心产业，同时带动其他相关产业发展的产业集聚群奠定基础。

（二）道路连接，奎屯与乌苏、独山子之间道路相通

奎屯、乌苏和独山子同位于北疆铁路沿线的结点位置，处于天山北坡经济带的交通要道上，具有良好的区位条件。该区公路交通以奎屯为中心，成"十字"形展开。三地间的交通主要由 312 国道、217 国道相连接，虽然已经实现了奎屯与乌苏、独山子之间的道路相通，但缺乏便捷的通道，如由乌苏至独山子需先由乌苏进入 312 国道，再由国道进入独山子石油大道，才能抵达独山子市区。在经济发展的过程中，三地没有充分利用其区位和交通优势联合发展，忽视了交通区位优势可以为第三产业的发展带来的机遇。究其根本原因主要是行政区划的分割导致了三地交通运输业及相关产业的发展不能形成相互协作、共同发展的局面。

（三）在通信、金融、价格等方面一体化先行先试

奎屯市与克拉玛依市独山子区在通信、金融、价格等方面实现了一体化，奎屯市与独山子区共用一个通信系统、共用一个金融体系。在出租车运营价格方面，奎屯市、乌苏市、独山子区实现市场一体化。

（四）开展了"奎独乌"地区空间协调发展规划和区域大气污染联防联控规划编制工作

2014 年 10 月 27 日，上海同济城市规划设计研究院向上海专家组、新疆住建厅书记等领导汇报关于"奎独乌"地区空间协调发展规划的初步想法。2014 年

11 月 7 日，在乌鲁木齐召开了由自治区住建厅规划处、上海同济城市规划设计研究院、新疆发改委经济研究院和新疆环境工程评估中心参加的"奎独乌"地区城镇布局、产业发展与环境保护专题协调会。2013 年，自治区党委、人民政府将"奎乌"区域纳入自治区大气污染联防联控重点区域，提出大气污染治理要求，制定《新疆奎屯—独山子—乌苏区域大气污染联防联控规划（2013～2017）。这些工作为克奎乌城镇组群一体化发展奠定了基础。

但是到目前为止，克奎乌区域一体化的发展还仅限于初始阶段，区域经济一体化效益没有被充分挖掘出来。根据目前奎独乌的发展情况来看，奎独乌一体化势在必行。克奎乌作为天山北坡经济带上相对独立的经济区，有北疆枢纽之称，奎屯的商贸物流占优势，克拉玛依以石化为其主业，乌苏综合实力较强，农七师农业生产首屈一指，由于独特的资源禀赋条件及交通区位条件的共同作用，使得该地区优势互补，具有协同发展的融合趋势。

三、伊犁河谷城镇组群

2010 年，中央新疆工作座谈会以来，一系列的重大举措和战略性规划的出台，使得伊霍城镇群的发展上升为国家战略的重要组成部分。该地区经济快速发展的势头已经显现，伊犁河谷城镇组群按照社会财富最大化的原则，集聚合力，多元利益主体之间组合发展、开放发展、一体发展、共享发展、特色发展，集中优势资源打造出了引领区域发展的新兴增长极。2011 年，伊犁州党委、政府明确提出了"大伊宁"总体规划，一个以伊宁市为中心，辐射周边伊宁县、霍城县、察布查尔锡伯自治县和霍尔果斯、都努比拉塔两个口岸的一小时经济圈正在加紧筹划建设。促进伊犁河谷城镇组群内基础设施共享、城市功能互补、产业分工协作、生态环境共建，努力打造全疆最为强劲、最具活力的经济增长区。2012年，李宁平说，伊犁州正在构建的"大伊宁"经济圈，在产业上差异化布局，并建设统一的供排水、供热、燃气等基础设施，目前正制定统一的交通规划。同时，对伊—霍经济圈进行了相关研究，编制了《伊—霍经济圈大伊宁核心区概念规划》研究报告。2014 年，伊犁州党委工作会议报告——在伊犁州党委工作会议上的报告，强力推进"伊—霍"经济圈建设，但伊宁—霍尔果斯城镇群存在着重大基础设施建设滞后、产城融合度差、产业布局缺乏统筹等问题，一体化推进缓慢。

（一）大力推进交通一体化

伊宁—霍尔果斯城镇群具有独特的发展优势，这一地区迅速成为承载国家和自治区发展战略的热点地区。在此形势下，一系列的重大举措相继产生：中哈两国领导人跨国合作创举，上海合作组织经济合作区试验区的中哈国际边境合作中心封关运营；连接欧亚铁路顺利对接并通车；"双西工程"①——高速公路对接工程实施；国家实行特殊政策的霍尔果斯经济开发区设立；新的对口援助省市十年援疆计划快速推进。同时，自治区提出要"打造天山北坡西部经济强区、中心城市和向西开放的桥头堡"的宏伟目标，大伊宁地区作为发展的重心地区，走在快速发展的前列。

伊犁州交通运输局结合州直区域经济发展新特点和州直公共交通运输行业发展现状，积极探索和建立城际公交发展运营模式，明确提出了加快推进州直城乡和城市群公交一体化建设，并委托江苏省交通科学研究院开展启动了伊—霍经济圈城际公交一体化专项规划编制工作。伊—霍经济圈城际公交一体化专项规划将对今后伊犁州直公共交通运输行业优先发展提供重要依据，对紧密区域联系，促进人员交流，促进城市空间结构调整和优化，提升公共交通服务整体水平都具有重要意义。

（二）加快推进"一区四园"管理运营，建立"一区四园"联席会议机制

伊—霍经济圈以霍尔果斯经济开发区建设为突破，以尹东工业园、尹南工业园、城镇工业园、尹宁国际物流园为支撑，以区域城镇化为引领，积极发展环保型煤化工产业、出口加工业、现代服务业等。加快推进"一区四园"管理运营。按照"前店后厂"的要求，强力推进伊—霍经济圈建设，以开发区为核心，建立"一区四园"联席会议机制，加强各园区和周边县市、团场的沟通联系，辐射带动其他园区，实现互利双赢，努力打造全疆最为强劲、最具活力的经济增长区。加强与62团的交流合作，携手打造全疆首个"兵地融合发展示范区"。加强疆内外重要港口之间的合作交流，努力形成珠联璧合、联手合作的良好格局。

四、大喀什城镇组群

喀什市是喀什地区的政治、经济、文化中心，是南疆重镇，处于中亚、南亚经济圈中心位置，对南疆、中亚、南亚地区具有较强的辐射作用，是新疆乃至我国向西开放的重要门户和桥头堡。疏附县、疏勒县、阿图什市、阿克陶县在喀什市半小时经济圈内，伽师县、岳普湖县、英吉沙县、乌恰县在喀什市一小时经济圈内。以喀什市为中心建立大喀什经济圈（区），可推进区域优势互补，实现资源的合理开发利用和有效配置，形成南疆地区经济增长极，对推动南疆三地州及全疆经济社会发展具有积极意义。2010年，《中共中央国务院关于推进新疆跨越式发展和长治久安的意见》（中发〔2010〕9号）中提出"在喀什设立经济开发区，实行特殊经济政策"。同年9月，自治区党委书记张春贤在喀什调研时指出，

---

① "欧洲西部—中国西部"高速公路对接工程，东起连云港，西至俄罗斯第二大城市圣彼得堡，与欧洲公路网相连，全长8445千米，可使中国输欧货物在途时间由海运45天缩短为陆运的10~11天。

喀什市的发展要以"大喀什"城市经济圈为着眼点。2011年，喀什地区"十二五"规划提出，以大喀什市（喀什市、疏勒县、疏附县经济区）为中心，构建一小时城市经济圈。形成区域间优势互补、联动发展的经济格局。克孜勒苏柯尔克孜自治州（以下简称克州）"十二五"规划提出，大力实施区域融合战略，积极融入喀什大经济区，实现优势互补、融合发展，推进克喀经济一体化发展，与喀什市共同打造大喀什经济圈（区）。大喀什经济圈（区）以加快推进喀什和克州融合发展为主攻方向，以区域城镇化发展为支撑，以"一核、二带、三圈层"为空间结构，以"集群口岸"平台和通道优势为依托，以喀什特殊经济开发区为助推器。大喀什经济圈（区）应由区域龙头（中心）城市喀什市，区域次中心城市阿图什市，区域紧密支点县市疏勒县、疏附县、阿克陶县，区域外围辐射县市岳普湖县、英吉沙县、伽师县、乌恰县等九市县组成。

一是大喀什城镇组群的辐射带动功能增强，现代产业创新集聚提升着整个经济特区的实力与活力。随着大喀什经济圈（区）的形成，对资本、产业、人口的吸引力将不断增长，必将成为产业集聚区和人口集聚区。全国各地80多家企业要求进驻，最后选定了宝钢集团、三一重工、深圳拓日科技、深圳永桦农业、深圳嘉达高科、广东浩元等一批知名企业入驻，以深圳日月投资股份有限公司、喀什聚鑫股权投资管理有限公司为代表的一批金融商贸企业也纷纷落户。浙江、上海的交通援疆部门积极做好民生援疆工作，加大援疆力度，全国交通建设的各路人马纷纷进驻喀什，增强喀什的自我发展能力。公路交通的变化吸引各地客商和知名企业纷纷入驻，喀什特区将以更完善的投资环境为投资者服务。

二是公路交通成为大喀什城镇组群腾飞的有力助推器。大喀什经济圈（区）以喀什市、阿图什市两大城市为核心支撑，两地之间的交通、通信网络正进一步完善中，未来将加快完善城市功能，增强辐射带动周边区域发展的能力。3012国道阿克苏—喀什高速公路、215省道三岔口—莎车高速公路、3013国道喀什—伊尔克什坦口岸公路、310省道麦盖提—喀什高速公路等项目相继建成。3012国道阿克苏—喀什高速公路是连接阿克苏、阿图什和喀什三座南疆重镇的一条新建高等级公路，是30国道连云港—霍尔果斯高速公路吐鲁番至和田及伊尔克什坦口岸联络线的一段，是中国内地通往中亚、欧洲的又一重要通道，也是新疆"十二五"构建"五横七纵"高等级公路网的第三横。该公路全长423千米，总投资118.67亿元，2011年5月30日开工，建设工期三年，于2012年完工。215省道三岔口—莎车高速公路项目是新疆迄今投资规模最大的公路项目，北起同期施工的3012国道阿克苏—喀什高速公路的三岔口互通式立交，经巴楚县、麦盖提县、莎车县，跨越315国道和喀什—和田铁路后，南接3012国道喀什—叶城高速公路，全长233.616千米，设计时速为120千米。该工程2011年7月底开工，计划总投资约 120 亿元，计划建设工期三年。

三是中国香港至喀什的国际客运航班开通，成为壮大空港经济，助推喀什特区腾飞的重要引擎。喀什将陆续开通至周边国家的航线，增开直达内地的航线，以喀什经济开发区为基点，形成一个半小时可以到达中亚国家，六个小时可以到达欧洲的"空中丝绸之路"。

近年来，大喀什区域的经济社会虽取得了长足发展，但因其基础极其薄弱、自然生态环境极其脆弱、内生增长动力严重不足、外部支持力度远不到位，区域资源整合与融合发展缓慢，致使整体发展仍相对滞缓，与全疆及北疆地区的发展差距还在不断拉大。

五、库尔勒城镇组群

巴音郭楞蒙古自治州（以下简称巴州）党委、人民政府于 2005 年 6 月提出库尉一体化战略，编制了《新疆库尔勒、尉犁区域经济一体化的战略定位和实证研究》研究报告，提出了实施库尉一体化分三步走：首先是园区一体化，其次是经济一体化，最终实现城乡一体化。库尉一体化的突破口在于园区工业化，通过产业集群实现园区的工业化，以园区的工业化推进库尉一体化。2009 年，将尉犁县西尼尔镇划归库尔勒市管辖，西尼尔镇以前是尉犁县主要的工业所在地。但后来由于开发区与库尔勒市、尉犁县、西尼尔镇之间存在管理体制不顺的问题，导致地方利益冲突频繁。除了在巴州的"十二五"规划中提出了深入推进库尉一体化战略，此后在自治州以及两地政府公文里极少涉及库尉一体化战略。《巴州城镇体系规划调整（2012~2030）》提出，把库尔勒城镇组群打造成为南疆重要的城镇组群，把库尔勒建设成为大城市，把和静、若羌、轮台打造成巴州重要的增长极，提升中小城市和城镇发展水平，构筑相对均衡的城镇发展格局。发挥库尔勒、轮台的工业优势，发挥尉犁的农业优势和区位优势、焉耆的城镇服务优势、且末和若羌的农业和矿业资源优势，强化南部城镇的带动作用。

（一）库尉一体化的发展战略

库为库尔勒，尉为尉犁县，两座城市相距 50 千米，同位于天山南麓、塔里木盆地东北缘、孔雀河畔。2005 年 6 月，为加快推进巴州新型工业化进程，巴州委、州人民政府提出了"库尉一体化、工业强巴州"的经济发展战略，库尉两地将打破地区壁垒，优化资源配置，共同发展一体化经济，力争在巴州率先基本实现现代化，形成以库尔勒市为中心、尉犁县为副中心、东西两翼发展的格局，使库尉地区成为巴州的经济核心地带。打牢以库尉一体化为核心的"大库尔勒"支撑点，为推进库尔勒城镇组群一体化发展提供支撑。

（二）成立库尉党委

2005 年 6 月，为加快推进新型工业化，州委提出了库尉经济一体化的重大战略决策，成立中共库尔勒市尉犁县委员会，开发区管委会作为州委、州人民政府的派出机构和库尉党委的办事机构（正县级），对原库尔勒经济技术开发区、库尔勒石化工业园、尉犁西尼尔工业园、金川工业园，实行"统一规划、统一政策、统一产业"布局，一区多园的管理体制，园区面积拓展到一期80平方千米、二期60平方千米，最终将形成140平方千米的"专业集成、投资集中、资源集约、效益集聚"的特色经济工业园区。

（三）联合招商

以库尔勒市为中心的库尔勒城镇组群是古丝绸之路的咽喉要道，具有独特的旅游资源和丰富的农产品资源。由于人文地理同源、水土光热同质、交通网络贯通、产业结构相近，库尔勒城镇组群在更加广阔的范围内合理分工协作、优化资源配置。自库尉一体化战略开发区自扩区以来，签订投资协议12个。美克、通奥、阳谷、康师傅等一批企业已落户开发区并开工建设。同时，库尔勒对外实施库尉联合招商，在乌洽会、西洽会、厦洽会上共签订经济贸易合同（协议）32个，总金额35.45亿元。

（四）产业互补，基础设施和公共服务共享

按照园区一体、城乡一体、经济一体"三步走"思路，加快完成第二步，迈入第三步。以库尉大道为轴，集聚工业产业、物流运输资源，规划建设产业链条互接、服务功能鲜明的板块和亮点，辐射带动沿线快速发展，形成经济发达、科技领先、环境优美的开放型经济带。以库普公路、尉犁县外环路为轴，建立节水高效生态农业综合示范区和新农村小康示范区，带动周边乡镇发展，加速库尉两地城乡经济的协调发展和共同繁荣。坚持"优势互补、资源共享、互惠互利、共同发展"，循序渐进，大胆创新，从涉及群众切身利益的重点领域找准切入点，加快社会公共事业的协同发展，促进两地共享"市民待遇"。

2006年，库尉引水工程正式建成通水，工程投资3300万元、输水管道长达43.5千米。2007年，尉犁县天然气气化工程项目竣工通气。2008年，库尉特色产品"一体化"亮相乌洽会，共有10家企业、17类展品参展。2009年，库尔勒市建成区面积88平方千米，比2005年的38平方千米增长13倍，库尉一体化战略加快了库尔勒城市发展。2010年，加快实施库尉一体化战略，发展各具特色、产业明晰、优势互补的"一区四园"。

六、库车城镇组群

《新疆城镇体系规划（2011~2020）》将库车县定位为新疆18个绿洲中心城市和渭干河中心城市，未来按照地级市标准进行打造；《阿克苏地区城镇体系规划》将库车县定为地区中心，与地区首府阿克苏一同打造阿克苏地区双中心。阿克苏地区的东部将以库车为首"合纵"城镇组群，以库车为龙头，组建沙雅、新和、拜城城镇组群。为此，新疆学者唐立久提出了"大库车经济圈的建构"。

阿克苏地区的库车、沙雅、新和、拜城四县同处新疆维吾尔自治区西南部，北靠天山，南拥塔克拉玛干大沙漠，是新疆三大油田之一的塔里木油田的油气主产区。库沙新拜四县同属渭干河水系，形成了同一个绿洲，四县在地缘上紧密联系在一起。以314国道与217国道为主干线，以南疆铁路为纽带，航空三位一体的交通网络更使库沙新拜四县密切联系在一起。而四县在历史上共属"西域三十六国"中的龟兹国，曾是联系亚欧大陆的桥梁，中西文化在此贯通交会，成为举世闻名的龟兹文化发祥地和"丝绸之路"北道的中心地区。四县在文化认知、生活习俗等方面具有较强的相通性和融合性。因此，地缘相接、交通相连、水系相同、文化习俗相通是形成"大库车经济圈"的前提。

（一）共享龟兹文化，联合打造"大龟兹文化圈"

库沙新拜共享龟兹文化，这四个县同为龟兹故地，共享受一个文化体系。2007年，库沙新拜共同举办"西域汉唐重镇历史、龟兹文化学术研讨会"。2012年，库沙新拜四县联合举办书法联展。在龟兹文化学术研讨方面，四县应共同打造世界品牌的"龟兹文化"，明确"大龟兹文化圈"概念，全面、深入地整合龟兹文化的各方面资源，以整体推进龟兹文化学术研究，整体打造龟兹文化品牌，共同推进四县经济的长足发展。

（二）产业互补，共筑经济体系

共筑经济体系，共同构建东部经济圈。要按照区域化、园区化发展的要求，在东部以库车为中心、库（车）—拜（城）为主线，将石化工业项目集中在库车石化工业园区集聚发展，将煤焦化等项目集中在拜城集聚发展，形成东部工业隆起带，带动新和、沙雅等县的工业发展。库车县在近两年内将成为全国最大的化肥生产基地；年产4万吨聚甲醛项目隆重奠基，库车县将形成全国最大聚甲醛生产基地。新和提出要为石化做好粮食、蔬菜等方面的服务；沙雅县在做好棉纺工业的同时，积极寻求库车县在石化等方面尚未开发建设的下游项目；拜城主要围绕煤焦化项目做大做强地区的重工业基地。

七、阿克苏城镇组群

阿克苏地区不但地处南疆的中心，同时也处于新疆南北疆的中心位置，发展潜力巨大。阿克苏市是阿克苏地区政治、经济、文化、交通的中心，是新疆重要的粮棉油生产基地，但发展空间有限，而与其紧邻的温宿县则具有地域博大、资源丰富等优势，同时两地人文相通，区位优势明显，资源互补性强，且在长期的经济社会发展中形成了天然的联系。阿克苏市和温宿县具备实现经济社会一体化的良好条件和内在需求。2005 年 7 月，阿克苏地委、行署提出打造"阿温经济联盟"，并建立了经济联盟领导机构和定期协调机制。2010 年，阿克苏地委、行署明确了阿温联盟一体化发展的总体部署，并提出了"城市建设相靠、产业培植相接、项目引进相聚、利益分配共享"的指导思想和"一主一副，两园两轴，一环"的整体结构布局，通过共建工业园区、联盟城市、基础设施、旅游文化，实现城镇体系、空间布局、交通建设、市政建设、生态建设的一体化，将阿温地区建成南疆最大的商品中心、物流中心，并使之成为南疆最有活力的经济圈。

（一）编制了《阿克苏市—温宿县同城化规划（2013～2030 年）》

阿温同城化范围主要以外环高速为界，包括阿克苏市、温宿县城市和自治区级纺织工业城、阿克苏市经济技术开发区，面积 603.5 平方千米，为同城化的空间布局和要素对接的重点层次，本层次突出公共设施、道路交通、基础设施、生态环境和空间管制五个方面的共享共建和协调对接，为阿克苏城镇组群一体化奠定了基础。

（二）共建工业园区、共建基础设施、共建旅游文化、共建联盟城市取得突破

为了努力实践"阿温联盟、合作发展"战略构想，使两地区域经济融合发展，两地领导通过座谈，在共建工业园区、共建基础设施、共建工业旅游文化、共建联盟城市等方面达成了共识，并建立了两地日常联系协调机制。在共建工业园区方面，完成了 7 平方千米的园区土地征用和补偿工作，实现了园区统一规划、基础设施共用，两地招商引资企业按园区功能合理摆放、集聚发展。在共建基础设施方面，按照城市整体向南发展的原则，投入 2000 万元实施了南环路改造，实施了阿克苏市红桥—多浪闸口—温宿县道路建设工程，目前，阿温两地正在规划运作污水排放并网事宜。在共建旅游文化方面，制定了《2007 年阿温旅游发展工作实施方案》，共同开展旅游宣传活动，试开通了阿克苏市至温宿县旅游专线。在践行"阿温联盟、合作发展"战略的进程中，阿克苏市进一步深化认识，以统一思想、科学规划、共建园区、城市北联、无线覆盖为突破口，主动介入，超前谋划，与同盟各方在同规共建等方面迈出了实质性的步伐。

（三）两地建立了经济联盟领导机构和定期协调机制

为进一步加快地域经济发展，早在几年前阿温经济联盟就摆上了两地党委、政府的议事日程，并建立了经济联盟领导机构和定期协调机制。2010 年初，地委、行署明确提出了阿温联盟、合作发展的总体部署，并要求两地在合作发展中坚持"城市建设相靠、产业培植相接、项目引进相聚、利益分配共享"的指导思想，阿温经济联盟由此进入了快车道。阿温经济联盟以交通一体化为突破，以轻纺农副产品加工园区、重化工园区共建为核心，已从规划阶段进入实际实施阶段。阿克苏市和温宿县决定在新城区建设金华物流园区，作为金华市的品牌产

业：义乌小商品将在物流园区建成后全面进驻园区，与阿克苏市产业相接的三个工业园区（金华物流园区、建材工业园区和农副产品加工园区）建设也已展开。目前，建材工业园区已有14家企业落户。自治区决定在阿克苏市建立南疆最大的千万锭棉纺城，而棉纺城的所在地就在原先的阿温轻纺基地，这无疑会极大地促进阿温经济联盟的发展。新城区、工业园区以及棉纺城的建设，不仅将有力地促进阿温经济圈的快速发展，还将为两地提供充足的就业机遇。

但阿温一体化战略在实际实施过程中存在着进展迟缓、思路不清晰、工作衔接差、利益分成等突出问题，工业园区建设速度远远低于预期，效益较差。今后，阿克苏地区还将继续推进阿温经济联盟战略，目前在阿温交界处靠近温宿的地方新建了汽车城、商业网点、学校等项目。

八、和墨洛城镇组群

和墨洛区（和田市、和田县、洛浦县、墨玉县）集中了地区63%以上的人口，70%以上的经济和科技力量，交通、能源等基础条件良好，并已初步形成一定规模的轻纺、食品、果酒、电力、建材等工业群体，是和田地区经济集聚区域和辐射中心。"十一五"时期，和田地区提出了立足和墨洛城镇组群绿洲连片、区域集中、位居中心的发展优势，通过内挖潜力、自主创新，外靠支援、招商引资，区划调整、科学规划，努力培育以和田市为龙头的和墨洛经济核心区的区域经济发展战略，使和墨洛的经济发展成为辐射全地区经济发展的核心动力，有效地推动和田地区经济社会可持续发展和地区经济结构的优化升级。2007年3月，和田地委提出打造和墨洛经济区，推进和墨洛经济一体化，使和墨洛的经济发展成为辐射全地区经济发展的核心动力。"十二五"提出，要坚定不移推进以和田市为中心的和墨洛核心经济区建设，充分发挥核心经济区对全地区的辐射和带动作用，力争率先实现新型工业化和新型城镇化。以此为契机，应当把统筹协调这一区域的一体化建设提到重要位置，不断巩固和发展和墨洛一体化的积极成果。《和田地区城镇体系规划（2013～2030年）》提出了：和田地区城镇化的核心在和墨洛，和墨洛的核心在"和—和同城市化"。

和墨洛一体化主要以重要民生工程、重大基础设施、新型工业化为突破点，以和田市滨河新区、和田县经济新区及和田市火车站区、洛浦县工业园区、墨玉县工业园区"两区三园"建设为抓手，以和墨洛核心区城镇化为支撑，积极推进一体化建设。和墨洛一体化思路提出以来，虽然进展缓慢，但各方都在积极推进园区和产业对接，一体化发展趋势良好。

总之，新疆区域一体化发展进程缓慢，基本上处于自然而非自为阶段。有关理论成果相对较少，研究工作较为薄弱，存在着理论研究和实际工作脱节的现象。在新疆的八大城镇组群，仅乌鲁木齐都市圈上升为国家战略，其他还处于自治区城镇体系规划的发展规划。新疆区域一体化的典型案例的相同点主要表现在如下几个方面。第一，区域一体化起步和实施较晚。对比国际领域的东京大都市圈、纽约大都市圈、大伦敦市、巴黎都市圈、多伦多城市群等，以及国内的珠江三角洲、长江三角洲、京津冀地区。由于新疆经济发展阶段相对落后，区域经济一体化起步较晚，发展较慢。第二，各个区域均还处于一体化的探索阶段，都还没有实现一体化；而且，一体化的目标模式也还没有确立，尤其是在市场一体化和产业结构一体化方面，还没有出现突破性进展。第三，在区域一体化中，具有基础设施一体化先行，基础设施一体化现状最好和规划最好的显著特征。迄今为止，八大区域都是基础设施一体化推进得最好，这主要是由于这一方面没有多少理论难度，实践中最易于操作，而其他领域的一体化则难以摸索。第四，在所有的一体化中，产业结构一体化最难以协调、均衡。第五，区域一体化还主要依靠行政区域化的调整，昌吉州的米泉市划归乌鲁木齐市的米东区管辖，尉犁县西尼尔镇划归库尔勒市管辖，将独山子一部分区域划归奎屯，独山子经济技术开发区由奎独共管理，实际上这种行政区划的调整将会导致政府之间的矛盾加深，导致今后区域一体化将会付出更大的代价。第六，自提出区域一体化发展战略以来，各城镇均积极推动发展战略的实施，分别成立协调组织。但由于各协调组织成立的方式、省政府与地方政府参与热度的不同，导致各方实施效果的不一。第七，以产业共建区为空间载体，管理方式影响同城化进程。自行管理的共建区（米东区）、双方共同管理的共建区（阿温的产业园区）和由中心城市管理共建区（奎独经济开发区），前两者能兼顾双方共同利益，协调程度较好，后者协调程度相对较弱。在八大区域中，伴随着大量的重复建设和过度竞争，产业结构失衡是它们长期以来的典型特征，也是迄今为止最难以解决的问题。

第五章　新疆城镇组群一体化的现状与制约因素

第一节　新疆城镇组群区域发展现状分析

一、乌鲁木齐都市圈

从乌鲁木齐都市圈经济规模角度来分析，其综合经济实力较强。该区域国土面积为 6.38 万平方千米，占天山北坡经济带面积的 21.3%，占新疆总面积的 3.8%；2013 年，实现地区生产总值 3527.11 亿元，约占全疆的 41.45%，人均 GDP 为 68475.54 元，比自治区人均高 80.93%，经济密度为 534.21 万元/平方千米，新疆经济密度为 51.3 万元/平方千米，是新疆经济密度的 10.4 倍；地方财政收入为 500.31 亿元，占全疆的 32.14%，地方财政支出为 603.02 亿元，占全疆的 17.13%。

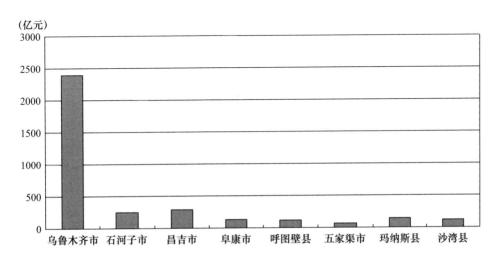

图 5-1　2013 年乌鲁木齐都市圈 GDP

城市是以人为本,以空间密集利用为特点的,形成一个聚集人口、经济、科学文化的空间地域大系统。人口是经济社会系统中的一个重要因素,其与经济的发展是否协调具有重要的意义。2013 年末,区域总人口为 440 万人,占天山北坡经济带人口的 51%,占新疆总人口的 19.9%。该区域也是人口大规模进入地区,2013 年常住人口达到近 500 万人。预计到 2020 年,乌鲁木齐都市圈总人口将达到 600 万人,城镇化率将达到 80% 以上,城乡公共服务与基础设施网络建设水平整体将达到我国东部沿海发达地区的平均发展水平。到 2030 年,城市群总人口达到 700 万人,城镇化率达到 90% 以上。经济人口密度是每万元经济总量所负荷的人口量,其数值越小说明经济发展与人口关系越协调。从表 5 - 1 可以看到,乌鲁木齐都市圈整体经济人口密度处于协调状态,都低于全疆 0.264 的水平。

表 5 - 1 乌鲁木齐都市圈经济人口密度

经济人口密度	乌鲁木齐市	石河子市	昌吉市	阜康市	呼图壁县
	0.144	0.133	0.130	0.131	0.175
	五家渠市	玛纳斯县	沙湾县	都市圈	新疆
	0.168	0.173	0.194	0.146	0.264

从城镇密度角度来分析,作为天山北坡经济带的龙头,乌鲁木齐都市圈是人口、产业、城镇高度密集的区域。2013 年,乌鲁木齐都市圈年末常住人口达到 515.09 万人,占新疆地区的 22.91%,占全国的 0.38%,人口密度达 78 人/平方千米,远远高于全疆 14 人/平方千米的平均水平;拥有设市城市 5 个,建制镇 38 个,设市城市密度为 0.007 个/百平方千米,建制镇密度为 0.07 个/百平方千米,远高于同时期新疆地区的城镇密度水平。截至 2013 年末,全都市圈共有城镇人口 323.92 万人,城镇化率 62.89%,高于自治区 44.47% 的城镇化水平。

从产业结构角度来分析,乌鲁木齐都市圈处于工业化高级阶段。工业化水平往往反映一个国家和地区的经济发展水平及所处阶段。本书采用钱纳里模型对乌鲁木齐都市圈发展阶段进行分析。根据钱纳里模型得出的结论:人均 GDP 在 1200 ~ 2400 美元时,经济处于工业化初期阶段;人均 GDP 在 2400 ~ 4800 美元时,经济处于工业化中期阶段;人均 GDP 在 4800 ~ 9000 美元时,经济处于工业化高级阶段。按现行汇率计算,乌鲁木齐都市圈 7 城市人均 GDP 为 11056 美元,整体处于工业化高级阶段。

从表 5 - 2 可以看出,乌鲁木齐都市圈产业结构与全疆相比较,第一产业比例比全疆低 10.31 个百分点,第二产业比例比全疆低 5.89 个百分点,第三产业比例高出全疆 16.21 个百分点。从产业结构发展演变的进程来分析,乌鲁木齐都市圈整体产业结构呈现出"三二一"的良好发展态势，其产业结构层次比较合理。

表5-2 乌鲁木齐都市圈产业结构现状

	GDP	第一产业	第二产业	第三产业	三次产业比例
乌鲁木齐市	2400	27	930	1443	1.13:38.75:60.13
石河子市	255	12	148	95	4.71:58.04:37.25
昌吉市	293.39	37.43	143.09	112.87	12.76:48.77:38.47
阜康市	129.37	23.54	78.37	27.46	18.20:60.58:21.23
呼图壁县	119.90	42.50	44.64	32.76	35.45:37.23:27.32
五家渠市	69.96	6.82	0.53	62.61	9.75:0.75:89.50
玛纳斯县	147.37	61.48	53.48	32.42	41.71:36.29:22.00
沙湾县	112.12	38.77	31.33	42.01	34.58:27.94:37.47
都市圈	3527.11	249.54	1429.44	1848.13	7.08:40.53:52.40
新疆	8510	1480	3950	3080	17.39:46.42:36.19

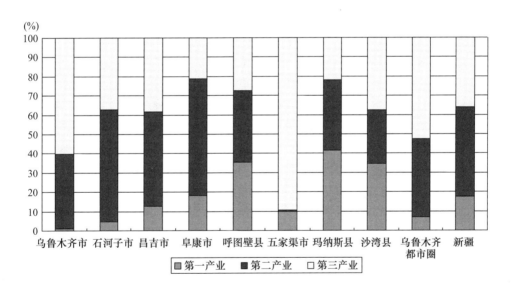

图5-2 2013年乌鲁木齐都市圈产业结构

尽管乌鲁木齐都市圈整体产业结构呈现出"三二一"的发展态势，但从都市圈内部各城市的产业发展来看呈现出比较大的差异性。其中核心城市乌鲁木齐由于发展基础好，同时又是全疆的科技教育文化中心，发展的潜力较好，三次产业中第二产业、第三产业比重达到98.88%，体现出其鲜明的工业强市和发达的商贸流通物流业发展格局；昌吉市依托国家级农业产业园和本地丰富的资源与邻近首府的区位优势，大力发展农副产品加工和轻工业发展，形成了以农副产品和特色旅游为主的产业发展模式，其产业结构表现为第三产业＞第二产业＞第一产业，拥有"麦趣尔"、"新特"等一系列著名品牌和屯河集团、中基以及中国制造业企业500强特变电工等一批企业，这也正是昌吉市建设成为首府乌鲁木齐副中心和后花园的发展战略的体现；阜康市在乌鲁木齐都市圈中属于典型的工业城市，三次产业比重中第二产业＞第三产业＞第一产业，阜康市在石油石化、煤化工、煤电一体化产业发展方面具有较好的基础，其在乌鲁木齐都市圈中将成为能源的储备和加工区，同时阜康天池4A级风景区也成为阜康经济发展的亮点和推动力；五家渠市是农六师的师部所在地，五家渠市产业发展表现为第三产业＞第一产业＞第二产业的格局，目前已经初步形成了纺织、机械制造、塑化、食品等为主要行业的工业体系，拥有全疆唯一的水泵制造企业——新疆潜水泵厂；石河子是新疆天山北坡经济带重要的中心城市，是亚欧大陆桥向西拓展的桥头堡和国家重要的粮棉基地，目前石河子产业结构表现为第二产业＞第三产业＞第一产业的格局，已经形成了以纺织、高效农业、电力、食品、造纸和新型建材为主体的支柱产业，拥有石河子国家开发区和天业集团、天富热电等上市公司和实力较强的企业。

乌鲁木齐都市圈生态环境建设方面，呈现出优势与劣势并存的局面。乌鲁木齐都市圈生态环境特征主要表现为以下几点。一是地质条件优越，区域水文地质条件良好，区域工程条件优良，为城镇建设提供了自由区位和便利的交通空间。二是典型的大陆荒漠气候。气候干燥，降水量少；冬季寒冷，降雪较多，夏季炎热，地面干燥，春季多风，常有浮尘天气。三是大气环境特征性强。各城镇大都属于典型的煤烟污染型环境。城镇区以烟煤作为主要供热源，燃烧排放有害气体，TSP是主要污染物。四是区域水资源短缺。都市圈处于天山北坡干旱半干旱准噶尔盆地、谷底河山前倾斜绿洲平原，从总体上来看，面临着水资源短缺的困扰和制约。五是环境脆弱承载力低，各城镇冬季容易形成高约2000米的逆温层，致使烟尘无法外排，造成严重的大气污染；有限的水资源难以满足生产和生活用水与环境保护双重需要，极易造成下游植被衰退和环境恶化；地表水量少层薄，水体的纳污和自净能力很低，容易形成流域中下游污染。一旦地表水受污染，地下水也就随之恶化，同时也就造成对农作物的二次污染。

二、克奎乌城镇组群

克奎乌城镇组群位于天山北坡经济带的克拉玛依市、奎屯市、乌苏市三地四方所在区域，多年前就被国内经济专家誉为新疆经济发展的"金三角"地带，是新疆重要的经济核心区之一。克奎乌作为天山北坡经济带上相对独立的经济区，有北疆枢纽之称，奎屯商贸物流占优势，克拉玛依石化为其主业，乌苏综合实力较强，由于独特的资源禀赋条件及交通区位条件的共同作用，使得该地区优势互补，具有协同发展的融合趋势。

截至目前，克奎乌区域一体化的发展还仅限于初始阶段，区域经济一体化效益没有被充分挖掘出来。根据目前克奎乌的发展情况来看，克奎乌一体化势在必行。从克奎乌城镇组群经济规模角度来分析，其综合经济实力较强。据统计，克奎乌城镇组群 2013 年 GDP 总和为 1122.57 亿元（见图 5 - 3），约占全疆的13.19%，人均 GDP 高达 174855.56 元，比自治区人均高 362.01%，经济密度为601.21 万元/平方千米，新疆经济密度为 51.3 万元/平方千米，是新疆经济密度的 11.7 倍；地方财政收入 109.24 亿元，占全疆的 7.02%，地方财政支出 140.55亿元，占全疆的 3.99%。

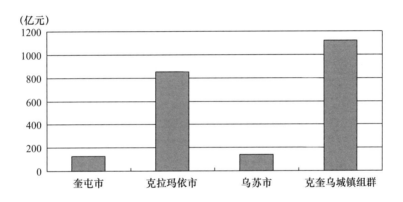

图 5 - 3　2013 年克奎乌城镇组群 GDP

从表 5 - 3 可以看到，克奎乌城镇组群整体经济人口密度处于协调状态，都低于全疆 0.264 的水平，其中克拉玛依市经济人口密度达到了极好的协调状态。

表 5 - 3　克奎乌城镇组群经济人口密度

	奎屯市	克拉玛依市	乌苏市	克奎乌	新疆
经济人口密度	0.12	0.03	0.16	0.06	0.26

从城镇密度角度来分析，2013 年克奎乌城镇组群年末常住人口达到 64.24 万人，占新疆地区的 2.86%，占全国的 0.05%，人口密度达 78 人/平方千米，远远高于全疆 14 人/平方千米的平均水平；拥有设市城市 3 个，建制镇 7 个，设市

城市密度为 0.02 个/百平方千米，建制镇密度为 0.04 个/百平方千米，远高于同时期新疆地区的城镇密度水平。截至 2013 年末，全都市圈共有城镇人口 64.05 万人，城镇化率 77.82%。

从产业结构角度来分析，克奎乌城镇组群处于工业化高级阶段。按现行汇率计算，克奎乌城镇组群三城市人均 GDP 为 28233.48 美元，整体处于工业化高级阶段。

表 5-4　克奎乌城镇组群产业结构现状

	GDP	第一产业	第二产业	第三产业	三次产业比例
奎屯市	126.45	6.2026	68.8824	51.3608	4.91:54.47:40.62
克拉玛依市	853.11	5.0093	739.0278	109.072	0.59:86.64:12.77
乌苏市	143.02	30.2158	86.4585	26.3426	21.13:60.45:18.42
克奎乌城镇组群	1122.57	41.4277	894.3687	186.7754	3.69:79.67:16.64
新疆	8510	1480	3950	3080	17.39:46.42:36.19

从表 5-4 可以看出，克奎乌城镇组群产业结构与全疆相比较，克奎乌城镇组群的第一产业的比例比全疆低 13.7 个百分点，第二产业的比例比全疆高 33.25 个百分点，第三产业的比例低于全疆 19.55 个百分点。从产业结构发展演变的进程来分析，克奎乌城镇组群整体产业结构呈现出"二三一"的发展态势，其产业结构层次有待优化。产业结构中第二产业占比较大，工业体系主要以石油化工、机械制造、棉纺织业、建材等产业为主，其中石油化工发挥着主导作用。农业中主要以种植业和畜牧业为主导，种植业中粮食、棉花种植占主要地位。第三产业内部结构中，以物流运输业和批发零售业为主，金融服务业发展迅速，文化产业以及高端服务业占比较小，尚处于起步阶段。

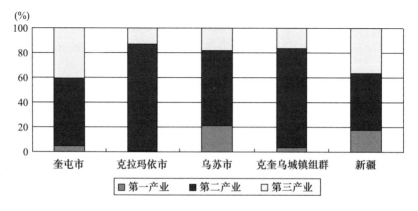

图 5-4　2013 年克奎乌城镇组群产业结构图

从克奎乌城镇组群内部各城市的产业发展来看，奎屯市和克拉玛依市的产业结构与克奎乌城镇组群整体产业结构保持一致，也是第二产业＞第三产业＞第一产业。其中，奎屯市产业结构最为合理，是北疆地区的交通枢纽，区位优势明显，经过建市30多年的发展，已成为北疆地区新兴的工商业城市，初步形成了以卷烟、纺织、电力、化工、建材、制糖、番茄制品为主的工业体系，以物流仓储、交通运输、邮政通信、商贸流通、餐饮娱乐为特色的服务业体系，服务业增加值占全市生产总值的40%左右，奎屯市三次产业结构中第三产业始终处于合理地位。而且，第二产业和第三产业差距较小，均保持较高发展水平，并能促使奎屯市三次产业结构更趋向于工业化高级阶段。克拉玛依市是一座典型的石油资源型城市，是世界石油石化产业的聚集区，油气资源储量占全世界的近80%。在克拉玛依市辖境内有新疆油田公司、独山子石化公司、克拉玛依石化公司三个特大型中央石油石化企业，现已建成投产的主要油田有克拉玛依油田、风城油田、石西油田、陆梁油田、彩南油田和准东油田，气田主要有玛河气田和克拉玛依气田。已建成具有勘探、钻井、采油、输油、炼油、科研、建筑、电力、通信、运输、机械制造等石油工业生产基地。石油工业增加值在第二产业中所占比重达90%左右，第二产业增加值占全市生产总值的87%左右，第一产业、第三产业发展能力较差，产业过度集中，面临着产业结构调整，向综合型城市转变的问题。乌苏市农牧业资源丰富而矿产资源相对较少，具有农牧业大市的产业特点，主要有以石油化工和煤炭电力为主的基础工业，已建成四棵树煤矿、天玉淀粉、中粮番茄、乌苏啤酒和乌苏热电，初步形成了乌苏石化工业园的雏形。近几年，乌苏市第二产业的主导地位初步显现，但产业结构仍不尽合理，第一产业结构性矛盾突出，第三产业对经济持续发展的制约作用日益凸显。

克奎乌城镇组群经济各有特色，互补性很强。奎屯市城市功能齐全，但第一产业基础十分薄弱，经济结构相对单一；乌苏市具有第一产业的优势，但缺乏强有力的第二产业和第三产业的拉动；克拉玛依市虽然经济实力相对较强，但第一产业和第三产业缺乏发展动力，产业过度集中。克奎乌城镇组群区域的经济发展各有侧重，各有所长，本身就存在着产业联动、优势互补、相互协作的内在需求。只有从区域优势出发，大力发展融合经济，当地的经济结构才能有更大的调整空间和余地，区域的经济才会有优势和特点。

奎屯、乌苏围绕独山子建设千万吨炼油、百万吨乙烯项目，积极参与石油、乙烯、天然气的开发利用，加强石油、天然气相关产品及下游产品项目的前期工作；支持帮助石油企业独办或与地方企业联办及鼓励有实力的大企业和社会资本参与石油相关产品及下游产品加工，奎屯经济技术开发区的西龙土工生产的工程防渗地膜、中以合资的高效农业滴灌设备等都利用了独山子的聚乙烯为原料；配合石油项目建设，加快生活基地建设步伐，重点建设绿色蔬菜、瓜果基地、绿色优质牛羊肉产业带基地、绿色家禽养殖基地、绿色奶源基地和绿色粮油生产基地。独山子利用自己的资金、技术优势，与奎屯建设经济技术开发区，与乌苏合作开发四棵树煤矿及建设规模较大的坑口电站，与乌苏协商建立化工城。

三、伊犁河谷城镇组群

伊犁河谷城镇组群包括伊宁市、伊宁县、霍尔果斯市、察布查尔县、霍城县、可克达拉市（兵团拟建市）等一小时经济圈。霍尔果斯市于 2014 年 6 月 26 日经国务院批准设立县级市，由新疆维吾尔自治区伊犁哈萨克自治州管辖；可克达拉市为兵团拟建市。因此，数据分析中暂不包括霍尔果斯市和可克达拉市。从伊犁河谷城镇组群经济规模角度来分析，其 2013 年 GDP 总和为 350.82 亿元（见图 5－5），约占全疆的 4.12%，人均 GDP 为 22634.82 元；经济密度为 228.43 万元/平方千米，新疆经济密度为 51.3 万元/平方千米，是新疆经济密度的 4.45 倍；地方财政收入 37.42 亿元，占全疆的 2.4%，地方财政支出 97.43 亿元，占全疆的 2.77%。

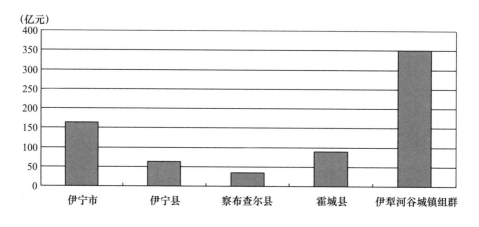

图 5－5　2013 年伊犁河谷城镇组群 GDP

从表 5－5 可以看到，伊犁河谷城镇组群整体经济人口密度处于协调状态，都低于全疆 0.264 的水平，其中伊宁市经济人口密度协调程度相对稍好。

表 5－5　伊犁河谷城镇组群经济人口密度

经济人口密度	伊宁市	伊宁县	察布查尔县	霍城县	伊犁河谷城镇组群
	0.000031	0.000071	0.000048	0.000047	0.000044

从城镇密度角度来分析,2013 年伊犁河谷城镇组群年末常住人口达到 155 万人,占新疆地区的 6.9%,占全国的 0.11%,人口密度达 100 人/平方千米,高于全疆 14 人/平方千米的平均水平;拥有设市城市 3 个,建制镇 10 个,设市城市密度为 0.02 个/百平方千米,建制镇密度为 0.07 个/百平方千米。截至 2013 年末,全城镇组群共有城镇人口 64.19 万人,城镇化率 40.24%,城镇化水平不高。

从产业结构角度来分析,伊犁河谷城镇组群处于工业化高级阶段。按现行汇率计算,伊犁河谷城镇组群一市三县人均 GDP 为 3654.79 美元,人均 GDP 在 2400～4800 美元时,经济处于工业化中期阶段。

从表 5 - 6 可以看出,伊犁河谷城镇组群整体产业结构呈现出"三二一"的良好发展态势,其产业结构层次比较合理,形成了以农牧业为主,工业特色明显和第三产业发达的现代产业结构。伊犁河谷城镇组群的第一产业比例比全疆高 2.94 个百分点,第二产业比例比全疆低 18.62 个百分点,第三产业比例高于全疆 16.68 个百分点,产业结构中第二产业、第三产业占主导地位,占区域生产总值的 27.8% 和 52.87%,伊犁河谷城镇组群以霍尔果斯经济开发区建设为突破,以尹东工业园、尹南工业园、城镇工业园、尹宁国际物流园为支撑,以区域城镇化为引领,发展环保型煤化工产业、出口加工业和现代服务业。伊犁河谷城镇组群不但具有良好的生态环境,水、土、气、生等自然条件组合搭配优越,而且农业资源、工矿资源、旅游资源也都很丰富,素有"塞外江南"之称,是新疆主要粮油和畜牧基地,且具有得天独厚的发展外向型经济的经济区位。

表 5 - 6 伊犁河谷城镇组群产业结构现状

	GDP	第一产业	第二产业	第三产业	三次产业比例
伊宁市	163.7	6.6	43.9	113.2	4.03:26.84:69.13
伊宁县	63.5	23.4	22.0	18.2	36.85:34.56:28.59
察布查尔县	35.1	13.9	9.9	11.1	39.52:28.36:32.12
霍城县	88.5	27.4	21.7	39.4	31.00:24.51:44.49
伊犁河谷城镇组群	350.8	71.3	97.5	182.0	20.33:27.80:52.87
新疆	8510	1480	3950	3080	17.39:46.42:36.19

伊犁河谷城镇组群整体产业结构呈现出"三二一"的发展态势,但从城镇组群内部各城市的产业发展来看,各县市具有较大差异。其中,伊宁市产业结构与伊犁河谷城镇组群整体保持一致,表现为第三产业＞第二产业＞第一产业,伊

宁市作为伊犁哈萨克自治州的首府城市，第三产业既是伊宁的优势产业、支柱产业，也是经济的活力所在，伊宁市完善了伊宁二类口岸建设及综合服务功能，规划了城西市场，加快推进了以火车站片区为核心的伊宁国际商贸物流园建设，以现代商贸物流业、现代服务业和特色旅游业为重点，充分挖掘第三产业潜力，提升了第三产业对经济的带动力。伊宁市建立了高新技术产业园，产业园中拥有两家高新技术企业，分别为伊犁首家也是唯一一家国家高新技术企业——安琪酵母和自治区级高新技术企业——天药生物，并拥有两家自治区产学研示范基地，分别为百信蜂业、天药生物。伊宁县产业结构表现为第一产业＞第二产业＞第三产业，种植业是伊宁县其他产业赖以存在和发展的基础性产业，既是其他产业的原料基地、产品市场，又是其他产业得以确立和发展的资本积累源泉，伊宁县还盛产薰衣草、黑加仑茶、山花蜜等特色产品；伊宁县具有矿产资源开发、亚麻纺织、食品、果品、畜产品、粮、油、糖产品加工及建材加工等方面的资源优势，以及积极有效的措施和优惠政策。霍城县地处伊犁河谷西北部的开阔地带，是以农为主、农牧结合的边境县，产业结构表现为第三产业＞第一产业＞第二产业，霍城县依托优势资源和优势区位，构建了煤电煤化工、农副产品深加工、矿业开发、新型建材、出口加工、新能源等六大产业，在江苏"百企千亿"产业援疆项目的扶持下，连霍铝业万吨彩色铝型材项目、天然芳香植物综合开发项目、新疆新正泰矿业技改项目、伊犁玉龙钢管、嘉华煤业、新赛双陆煤矿扩建工程等一大批高端项目落户霍城，推进了重点工程的建设，加大了投资力度，使该县的经济结构得到优化，产业投资效益明显提高。

四、大喀什城镇组群

打造大喀什经济圈（区），促进圈内合作交流，既是时代发展的需要，也是顺应改革开放大潮之需，符合南疆地区乃至新疆加快发展的愿望，各方面条件日趋成熟。随着大喀什经济圈（区）内合作交流深入推进，各县市在产业发展、区位优势、基础设施、文化教育、生态建设等方面合作发展的空间、广度、深度、领域将会得到全面加强和提升。大喀什经济圈（区）应由区域龙头（中心）城市喀什市，区域次中心城市阿图什市，区域紧密支点县市疏勒县、疏附县、阿克陶县，区域外围辐射县市岳普湖县、英吉沙县、伽师县、乌恰县等九市县组成。从大喀什城镇组群经济规模角度来分析，大喀什城镇组群 2013 年 GDP 总和为 429.30 亿元（见图 5-6），约占全疆的 5.04%，人均 GDP 为 16212.4 元；经济密度为 52.54 万元/平方千米，新疆经济密度为 51.3 万元/平方千米，稍高于新疆经济密度水平；地方财政收入 42.38 亿元，占全疆的 2.72%，地方财政支出 211.33 亿元，占全疆的 6%。

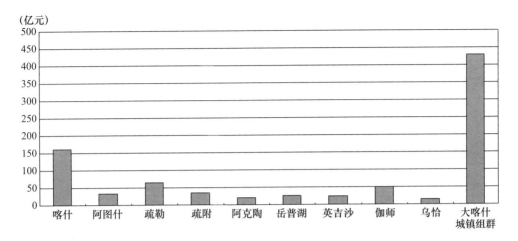

图 5 - 6   2013 年大喀什城镇组群 GDP

表 5 - 7   大喀什城镇组群经济人口密度

	喀什市	阿图什市	疏勒县	疏附县	阿克陶县
经济人口密度	0.000037	0.000075	0.000055	0.000089	0.000100
	岳普湖县	英吉沙县	伽师县	乌恰县	大喀什城镇组群
	0.000061	0.000120	0.000083	0.000040	0.000062

从表 5 - 7 可以看出，大喀什城镇组群整体经济人口密度处于协调状态，都低于全疆 0.264 的水平，其中经济人口密度协调程度相比稍好。

从城镇密度角度来分析，2013 年，大喀什城镇组群年末常住人口达到 264.8 万人，占新疆地区的 11.78%，占全国的 0.2%，人口密度达 32 人/平方千米，高于全疆 14 人/平方千米的平均水平；拥有设市城市 2 个，建制镇 18 个，设市城市密度为 0.0024 个/百平方千米，建制镇密度为 0.022 个/百平方千米。截至 2013 年末，全城镇组群共有城镇人口 66.26 万人，城镇化率 25.02%，城镇化水平很低。

从产业结构角度来分析，大喀什城镇组群处于工业化高级阶段。按现行汇率计算，大喀什城镇组群二市七县人均 GDP 为 2617.78 美元，人均 GDP 为 2400～4800 美元时，经济处于工业化中期阶段。

从表 5 - 8 可以看出，大喀什城镇组群整体产业结构呈现出"三二一"的良好发展态势，其产业结构层次比较合理，形成了以农牧业为主，工业特色明显和第三产业发达的现代产业结构。大喀什城镇组群的第一产业比例比全疆高 3.21

个百分点，第二产业比例比全疆低 11.03 个百分点，第三产业比例高于全疆 3.82 个百分点，产业结构中第二产业、第三产业占主导地位，占区域生产总值的 35.39% 和 44.01%，大喀什城镇组群是新疆特色旅游业发展的重点区域，喀什市是新疆重要的国际旅游目的地，在国内外特别是中亚、南亚区域具有一定的影响力，大喀什城镇组群在经济、金融、信息、物流、生产加工等方面具有综合集聚功能。

表 5-8　大喀什城镇组群产业结构现状

	GDP	第一产业	第二产业	第三产业	三次产业比例
喀什市	160.90	5.60	56.60	98.70	3.48∶35.18∶61.34
阿图什市	33.47	5.02	7.76	20.69	14.99∶23.20∶61.81
疏勒县	64.38	18.19	35.15	11.04	28.25∶54.60∶17.15
疏附县	34.74	16.24	5.50	13.00	46.75∶15.83∶37.42
阿克陶县	20.12	4.81	8.07	7.24	23.91∶40.08∶36.01
岳普湖县	26.60	7.91	10.10	8.59	29.73∶37.98∶32.29
英吉沙县	24.98	9.58	7.00	8.40	38.35∶28.02∶33.63
伽师县	49.17	20.21	15.16	13.80	41.10∶30.83∶28.07
乌恰县	14.95	0.88	6.58	7.48	5.88∶44.05∶50.07
大喀什城镇组群	429.30	88.43	151.93	188.95	20.60∶35.39∶44.01
新疆	8510	1480	3950	3080	17.39∶46.42∶36.19

大喀什城镇组群整体产业结构呈现出"三二一"的发展态势，但从城镇组群内部各城市的产业发展来看各县市有所差异。其中，喀什市、阿图什市、乌恰县产业结构与大喀什城镇组群整体保持一致，表现为第三产业＞第二产业＞第一产业，初步形成了适合喀什地区现行发展阶段的产业体系，形成了以山钢、鑫慧铜业为主的冶金业，以石油化工、硼化工为主的化工业，以水泥、页岩砖、宝钢金属制品为主的建材业，以正阳纺织、裕隆华顺为主的纺织业，以果品核桃、面粉为主的农副产品加工业，以嘉纳仕摩托、鲁英专用车制造为主的机械组装业，形成了适合喀什地区发展阶段的工业体系。阿图什市处于工业化初期，产业结构呈现低质化，第一产业链短，产品附加值低，第二产业技术落后，粗放型发展，第三产业结构单一，缺少活力，通过不断加大产业结构持续优化，第三产业表现出速度、质量和效益同步提升的良好发展态势。乌恰县依托图尔噶特口岸优势发

展农牧产品加工、进出口贸易加工、热电联产等优势项目，煤炭、铁矿、铜铅锌、建材、电力、天然气、轻工、农牧产品加工是具有本地优势的八大产业，正成为工业经济的主要支撑，初步实现了资源优势向经济优势的转换。其中较为特殊的为疏勒县，其产业结构表现为第二产业＞第一产业＞第三产业，产业援疆助推疏勒县的工业经济驶入了"快车道"，疏勒县依托资源优势，集中力量培育了钢铁、新型化工、新型建材、商贸物流四大产业集群和现代农业产业体系；依托山钢集团项目，完善产业链条，激活上下游产业，实现"全身联动"发展，培育发展新型建材产业集群，全力推进百万方新型墙体材料生产项目，着力壮大商贸物流产业集群，通过 BT 模式，建设一座国际商贸城。

五、库尔勒城镇组群

库尔勒城镇组群包括库尔勒市、尉犁县、铁门关市、轮台县，后来扩展到博湖县、焉耆县、和静县、和硕县。其中，铁门关市于 2012 年 12 月 17 日经国务院批复同意设立，为新疆维吾尔自治区直辖县级市，与新疆生产建设兵团第二师实行"师市合一"的管理模式，因此，在分析中铁门关市的数据由新疆生产建设兵团第二师相关数据代替。

从库尔勒城镇组群经济规模角度来分析，其 2013 年 GDP 总和为 1024.51 亿元（见图 5 - 7），约占全疆的 12.04%，人均 GDP 为 68824.06 元，经济密度为75.83 万元/平方千米；地方财政收入为 51.93 亿元，占全疆的 3.34%，地方财政支出为 116.74 亿元，占全疆的 3.32%。

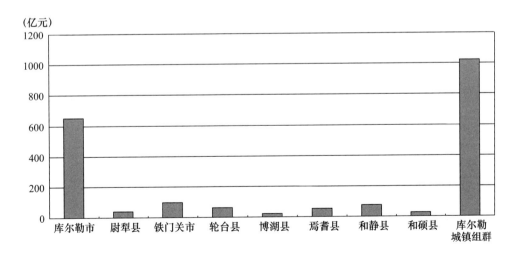

图 5 - 7　2013 年库尔勒城镇组群 GDP

表 5 – 9　库尔勒城镇组群经济人口密度

经济人口密度	库尔勒市	尉犁县	铁门关市	轮台县	博湖县
	0.000008	0.000027	0.000019	0.000019	0.000029
	焉耆县	和静县	和硕县	库尔勒城镇组群	
	0.00003	0.000026	0.000028	0.000015	

从表 5 – 9 可以看到，库尔勒城镇组群整体经济人口密度处于协调状态，都低于全疆 0.264 的水平，其中库尔勒市经济人口密度协调程度较好。

从城镇密度角度来分析，2013 年，库尔勒城镇组群年末常住人口达到 148.86 万人，占新疆地区的 6.62%，占全国的 0.109%，人口密度达 11 人/平方千米，低于全疆 14 人/平方千米的平均水平；拥有设市城市 1 个，建制镇 21 个，设市城市密度为 0.0007 个/百平方千米，建制镇密度为 0.016 个/百平方千米。截至 2013 年末，全都市圈共有城镇人口 75.94 万人，城镇化率 51.01%，城镇化水平较高，城镇人口和农业人口各占一半。

从产业结构角度来分析，库尔勒城镇组群处于工业化高级阶段。按现行汇率计算，库尔勒城镇组群城市人均 GDP 为 11112.84 美元，经济处于工业化高级阶段。

从表 5 – 10 可以看出，库尔勒城镇组群产业结构与全疆产业结构保持一致，呈现出"二三一"的发展态势。库尔勒城镇组群的第一产业比例比全疆低 0.42 个百分点，第二产业比例比全疆高 15.76 个百分点，第三产业比例低于全疆 15.35 个百分点，产业结构中第二产业占主导地位，工业经济发展较快，初步形成了以石油化工、油田装备制造业、棉纺织加工、电力生产供应业、造纸业、矿产品开采、建材制品等行业为重点的具有特色的工业体系。其中，石油石化、矿业、电力、特色农产品加工和棉花系列加工为库尔勒城镇组群的五大支柱产业，是其工业发展的主力军。第三产业占比 20.84%，初步形成了以商贸流通、交通运输、邮电通信、科教文卫等传统产业为支柱，金融保险、信息、房地产、社会服务、旅游等现代服务业迅速兴起的新格局。第一产业占比 17.39%，独特的农业气候资源孕育出许多独具特色的农产品，盛产驰名中外的新疆特色名牌产品"库尔勒香梨"，是优质棉花重要产区之一，工业用番茄红色素含量高，品质优良，是国内重要的番茄酱生产基地。但第一产业依然是经济发展中的弱势产业，主要受投入力度不足、布局分散、规模不大等问题的影响。

表5－10　库尔勒城镇组群产业结构现状

	GDP	第一产业	第二产业	第三产业	三次产业比例
库尔勒市	650.25	35.80	516.46	98.00	5.50：79.42：15.08
尉犁县	40.54	23.65	4.57	12.31	58.34：11.28：30.38
铁门关市	95.94	35.77	37.67	22.50	37.28：39.26：23.46
轮台县	60.01	19.47	20.51	20.02	32.45：34.18：33.37
博湖县	21.02	8.74	4.01	8.27	41.58：19.06：39.35
焉耆县	53.64	13.90	15.60	24.14	25.91：29.08：45.01
和静县	75.60	19.22	34.60	21.79	25.42：45.76：28.82
和硕县	27.51	17.33	3.66	6.52	62.98：13.32：23.70
库尔勒城镇组群	1024.51	173.88	637.08	213.56	16.97：62.18：20.84
新疆	8510	1480	3950	3080	17.39：46.42：36.19

　　库尔勒城镇组群整体产业结构呈现出"二三一"的发展态势，从城镇组群整内部各城市的产业发展来看却具有较大的差异性（见图5－8）。其中，库尔勒市第二产业占比高达79.42%，主要由以开采原油、天然气为主要产品和加工石油制品、提供西气东输、生产氮肥的中国石油天然气股份公司塔里木油田分公司，以天然气为主要原料，加工生产1，4－丁二醇的新疆美克化工有限责任公司，生产二硫化碳的巴州瑞兴化工有限公司和生产粘胶短纤维的新疆富丽达有限公司等作为代表。尉犁县、博湖县、和硕县第一产业占比分别为58.34%、41.58%和62.98%，这三个县第一产业占主导地位，主要由于特色园艺的快速发展，轮南白杏、香梨、葡萄、石榴、核桃等果品形成规模。

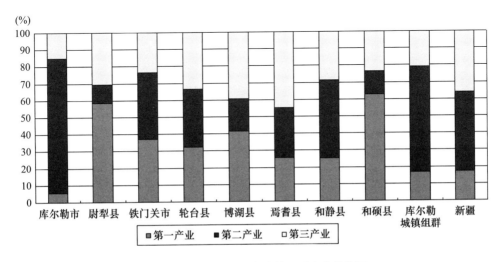

图5－8　2013年库尔勒城镇组群产业结构图

六、库车城镇组群

库车城镇组群水土光热资源丰沛，具有发展现代农业的有利条件；物产丰富，是国家、自治区重要的粮、棉、畜基地，也是著名的瓜果之地。从库车城镇组群经济规模角度来分析，库车城镇组群 2013 年 GDP 总和为 261.1 亿元（见图 5-9），约占全疆的 3.07%，人均 GDP 为 22829.3 元，经济密度为 36.53 万元/平方千米；地方财政收入为 50.48 亿元，占全疆的 3.24%，地方财政支出为 91.11 亿元，占全疆的 2.59%。

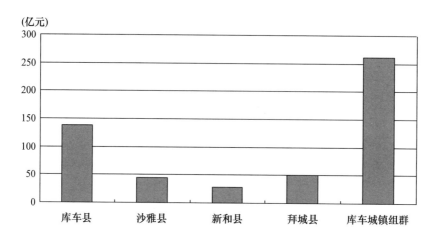

图 5-9　2013 年库车城镇组群 GDP

从表 5-11 可以看出，库车城镇组群整体经济人口密度处于协调状态，都低于全疆 0.264 的水平，其中库车县经济人口密度协调程度较好。

表 5-11　库车城镇组群经济人口密度

经济人口密度	库车县	沙雅县	新和县	拜城县	库车城镇组群
	0.000034	0.00006	0.000061	0.000048	0.000044

从城镇密度角度来分析，2013 年，库车城镇组群年末常住人口达到 114.4 万人，占新疆地区的 5.1%，占全国的 0.08%，人口密度达 16 人/平方千米，高于全疆 14 人/平方千米的平均水平；拥有建制镇 20 个，建制镇密度为 0.028 个/百平方千米。截至 2013 年末，全都市圈共有城镇人口 31.97 万人，城镇化率 27.4%，城镇化水平较低，农业人口占比较大，具有特色鲜明的优势农产品

种植。

从产业结构角度来分析，库车城镇组群处于工业化中期阶段。按现行汇率计算，库车城镇组群四县人均 GDP 为 3686.19 美元，人均 GDP 为 2400～4800 美元时，经济处于工业化中期阶段。

从表 5-12 可以看出，库车城镇组群产业结构与全疆产业结构保持了高度的一致性，也呈现出"二三一"的发展态势。库车城镇组群的第一产业比例比全疆高 2.95 个百分点，第二产业比例比全疆高 0.13 个百分点，第三产业比例低于全疆 3.07 个百分点，产业结构中第二产业占主导地位，占区域生产总值的46.55%，库车城镇组群已经形成了石油天然气勘探开发、石油化工、煤炭开采及煤电、建材、农副产品加工等具有鲜明特色的产业。库车城镇组群第三产业占比 33.12%，由于群内各县文化源远流长，旅游景点丰富，观赏性较好，旅游景观不可模仿性强，从目前的旅游收入、客源量等方面分析，库车城镇组群内的旅游发展非常迅速，其影响力正逐步扩散。旅游业的发展带动了交通、餐饮、旅店、商店等服务业的发展；服务业属于劳动密集型产业，对技术水平要求较低，扩大了普通劳动者就业，缓解了就业压力；旅游业作为可持续利用资源，缓解了库车城镇组群资源枯竭的危机，实现库车城镇组群经济的可持续发展。库车城镇组群第一产业占比 20.34%，库车城镇组群是国家、自治区重要的粮、棉、畜基地，也是著名的瓜果之地，形成了优势农产品种植基地，建成了新疆南部一流的现代农业科技示范园。

表 5-12　库车城镇组群产业结构现状

	GDP	第一产业	第二产业	第三产业	三次产业比例
库车县	138.8	19.0	80.4	39.5	13.68：57.89：28.43
沙雅县	44.4	13.4	10.4	20.5	30.26：23.51：46.23
新和县	28.0	10.8	5.8	11.5	38.41：20.56：41.03
拜城县	49.8	9.9	25.0	15.0	19.89：50.09：30.02
库车城镇组群	261.1	53.1	121.5	86.5	20.34：46.55：33.12
新疆	8510	1480	3950	3080	17.39：46.42：36.19

库车城镇组群整体产业结构呈现出"二三一"的发展态势，从城镇组群整体内部各城市的产业发展来看却具有较大的差异性。其中，库车县和拜城县的产业结构状况与库车城镇组群整体产业结构保持一致，三次产业比重表现为第二产业＞第三产业＞第一产业，库车县和拜城县利用各自的产业发展要素的比较优势，充分利用石油、天然气资源发展化肥、沥青、聚甲醛等项目；依托煤资源优

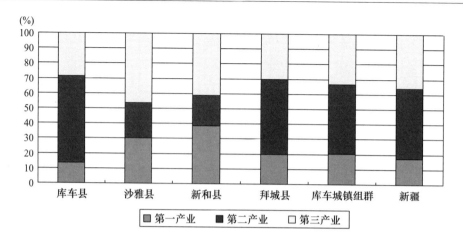

图 5 - 10　2013 年库车城镇组群产业结构图

势发展电力、煤焦化；依托粮棉发展农副产品加工业；依托石灰石资源发展建材工业，以及以独特旅游资源发展旅游产业；并引进和培育了一批能够带动产业发展的龙头企业，如中石化、金石集团、辽宁华锦、国电、青松水泥、天山水泥、徐矿集团、实德集团等拥有雄厚资金、技术、人才的大型企业集团；建成了优势粮棉基地、畜牧业基地，并加快了石化基地、煤化工基地的建设。沙雅县和新和县三次产业比重为第三产业＞第一产业＞第二产业。沙雅县天然旅游资源丰富，胡杨林自然保护区是保存最完好的、世界最大的胡杨林——国家自然保护区，面积 200 余万亩，林内有塔里木马鹿、盘羊、羚羊和上百种鸟类，还分布着大量的甘草、罗布麻、大芸、红柳等名贵野生植物；沙雅县地域辽阔，拥有 123.71 万亩耕地，日照充足，热量充沛，水资源丰富，是国家级优质棉生产基地和自治区粮食生产基地，拥有七大特产之乡，森林草场、野生甘草、野生罗布麻等资源也非常丰富；近年来农业招商引资力度逐步加大，先后引进鸿力、香港百隆、浙江富宏、富沃生物制药、绿农科技、河南南洋等多家重点企业，初步形成了农业支持工业的发展新格局。农业是新和县的基础产业，也是最大的支柱产业和优势产业，植棉业、畜牧业是新和县经济发展的主导产业之一；新和县工业基础相当薄弱，尚处于起步阶段，工业产品结构层次低。

七、阿克苏城镇组群

"十一五"时期，阿克苏地区推出了阿（克苏）温（宿）经济一体化的发展战略。随着新型城镇化步伐的加快，经济结构不断优化升级，城乡空间结构不断变化，有必要进一步放大阿温一体化的辐射带动作用，建设包括温宿县、阿瓦提县在内的一小时经济圈，实现从阿温经济联盟向阿克苏城镇群的华丽转身。阿克苏市是我国向西开放的重要门户、国际运输通道上的重要节点城市，新疆重要的综合交通枢纽、商贸物流中心和纺织基地，南疆区域中心城市、全疆副中心城市，以水韵森林和刀郎文化为特色的宜居宜业城市。从阿克苏城镇组群经济规模角度来分析，阿克苏城镇组群 2013 年 GDP 总和为 375.9 亿元（见图 5 – 11），约占全疆的 4.42%，人均 GDP 为 31464.02 元；经济密度为 78.87 万元/平方千米，新疆经济密度为 51.3 万元/平方千米，是新疆经济密度的 1.48 倍；地方财政收入 24.11 亿元，占全疆的 1.55%，地方财政支出 68.12 亿元，占全疆的 1.94%。

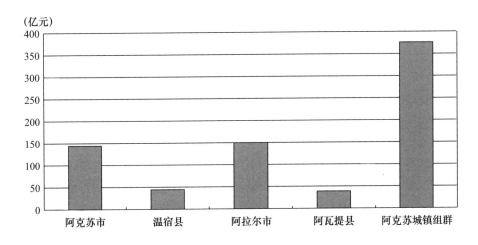

图 5 – 11　2013 年阿克苏城镇组群 GDP

从表 5 – 13 可以看出，阿克苏城镇组群整体经济人口密度处于协调状态，都低于全疆 0.264 的水平，其中阿拉尔市经济人口密度协调程度相比稍好。

表 5 – 13　阿克苏城镇组群经济人口密度

经济人口密度	阿克苏市	温宿县	阿拉尔市	阿瓦提县	阿克苏城镇组群
	0.000035	0.000051	0.000015	0.000065	0.000032

从城镇密度角度来分析，2013 年，阿克苏城镇组群年末常住人口达到 119.5 万人，占新疆地区的 5.31%，占全国的 0.09%，人口密度达 25 人/平方千米，高于全疆 14 人/平方千米的平均水平；拥有设市城市 2 个，建制镇 10 个，设市城市密度为 0.004 个/百平方千米，建制镇密度为 0.021 个/百平方千米。截至2013 年末，全城镇组群共有城镇人口 50.49 万人，城镇化率 41.98%，城镇化水

平较低。

从产业结构角度来分析，阿克苏城镇组群处于工业化高级阶段。按现行汇率计算，阿克苏城镇组群二市二县人均 GDP 为 5080.42 美元，人均 GDP 在 4800～9000 美元，经济处于工业化高级阶段。

从表 5-14 可以看出，阿克苏城镇组群产业结构与全疆产业结构有所差异，呈现出"三一二"的发展态势，其产业结构不合理，有待优化。阿克苏城镇组群的第一产业比例比全疆高 20.07 个百分点，第二产业比例比全疆低 22.04 个百分点，第三产业比例高于全疆 1.97 个百分点，产业结构中第一产业、第三产业占主导地位，占区域生产总值的 37.66% 和 38.16%，阿克苏地区气候宜人、地势平坦、土壤肥沃、光热丰富，适宜农林牧渔业的发展，是国家重要的农业区，生产小麦、玉米、水稻、棉花等农产品，是国家重要的商品棉生产基地，苹果、香梨清脆香甜，纸皮核桃被引种至全国 19 个省市，远销上海、广州等地，素有瓜果之乡的美誉，被授予"中国红富士之乡"的称号。第二产业比重小，管理和科技水平低，能源工业长期发展滞后，特别是煤炭资源短缺，是长期以来制约阿克苏城镇组群工业发展的重要原因。

表 5-14　阿克苏城镇组群产业结构现状

	GDP	第一产业	第二产业	第三产业	三次产业比例
阿克苏市	143.81	17.26	41.20	85.35	12.00：28.65：59.35
温宿县	44.00	18.01	11.00	14.99	40.94：25.00：34.06
阿拉尔市	149.93	89.93	33.45	26.55	59.98：22.31：17.71
阿瓦提县	38.16	15.61	5.99	16.55	40.92：15.71：53.38
阿克苏城镇组群	375.90	140.81	91.65	143.44	37.46：24.38：38.16
新疆	8510	1480	3950	3080	17.39：46.42：36.19

阿克苏城镇组群整体产业结构呈现出"三一二"的发展态势（见图 5-12），从城镇组群整内部各城市的产业发展来看，其中，只有阿瓦提县产业结构状况与阿克苏城镇组群整体产业结构保持一致，三次产业比重中第三产业 > 第一产业 > 第二产业，阿瓦提县从绿洲平原到大漠腹地，地貌类型多样，不同特色的资源类型组合塑造出众多壮观的地文景观、秀丽的水域风光、奇特的生物景观，以及民族风情人文旅游资源为旅游开发提供了良好的环境；阿瓦提县是阿克苏地区重要的粮食、棉花和水果基地，是生产粮棉为主的农业县，红枣、核桃为主的特色林果业是促进农民增收的主线；阿瓦提县交通不便，工业基础差，缺乏人才，发展

工业有待来日。阿克苏市产业结构状况与阿克苏城镇组群整体产业结构不同，三次产业比重中第三产业 > 第二产业 > 第一产业。经过多年的发展，阿克苏市的火电、煤、水泥、化肥、炼油等基础工业已形成规模，门类齐全，具有一定的产业优势。截至目前，浙江能源集团、交通集团、物产集团、建设投资集团、农信联社、旅游集团、中国联合工程公司七家省级国有企业先后入驻阿克苏市，开展水、路、电、气、房等基础设施及物流、现代服务业的开发建设；浙江民营棉纺企业雅戈尔、华孚、永翔、洁丽雅等国内知名纺织企业也陆续落户阿克苏市，欲将其发展成中西亚重要的棉纺织、农林副产品精深加工业、现代物流业基地，以及天然气化工产业和光伏产业的聚集区。阿拉尔市和温宿县三次产业比重中第一产业 > 第三产业 > 第二产业。阿拉尔市一直提倡以品牌占领市场，培育了"新农"牌棉花、"丝路密语"红枣、"天山玉"苹果等一批叫得响的"农"字品牌；阿拉尔市服务业也保持了快速增长势头，实施了"双百"市场工程和"万村千乡"工程，新建改造了 16 个连锁店、5 个配送中心，提高了特色农产品的知名度和市场竞争力；立足农产品资源和环塔里木盆地矿产资源，实施大企业大集团战略，发挥青松建化、新农开发等上市公司的带动作用，工业也得到了快速发展。

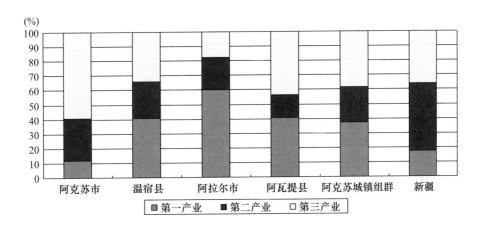

图 5 - 12　2013 年阿克苏城镇组群产业结构图

八、和墨洛城镇组群

和墨洛城镇组群包括和田市、和田县、墨玉县和洛浦县一市三县。以和田市为中心的和墨洛城镇组群是整个和田地区人口、产业、城市最为密集、最为发达的地区。经过多年的实践，和墨洛经济圈融合发展的格局已经基本形成，并积累了不少具有和田地区特色的新鲜经验。从和墨洛城镇组群经济规模角度来分析，和墨洛城镇组群 2013 年 GDP 总和为 116.12 亿元（见图 5 - 13），约占全疆的 1.36%，人均 GDP 为 8131.35 元，经济密度为 14.26 万元/平方千米；地方财政收入为 8.65 亿元，占全疆的 0.6%，地方财政支出为 3519.6 亿元，占全疆的 2.53%。

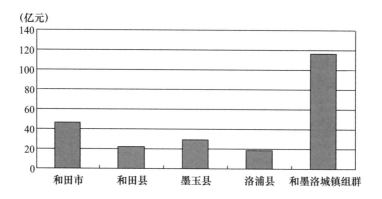

图 5 - 13　2013 年和墨洛城镇组群 GDP

从表 5 - 15 可以看出，和墨洛城镇组群整体经济人口密度处于协调状态，都低于全疆 0.264 的水平，其中和田市经济人口密度达到了极度协调状态。

表 5 - 15　和墨洛城镇组群经济人口密度

经济人口密度	和田市	和田县	墨玉县	洛浦县	和墨洛
	0.00007	0.00012	0.00018	0.00014	0.00012

从城镇密度角度来分析，2013 年，和墨洛城镇组群年末常住人口达到 141.9 万人，占新疆地区的 6.31%，占全国的 0.11%，人口密度达 17 人/平方千米，略高于全疆 14 人/平方千米的平均水平；拥有设市城市 1 个，建制镇 8 个，设市城市密度为 0.0012 个/百平方千米，建制镇密度为 0.01 个/百平方千米。截至 2013 年末，全都市圈共有城镇人口 24.2 万人，城镇化率 17%，城镇化水平较低，农业人口占多数。

从产业结构角度来分析，和墨洛城镇组群处于工业化初期阶段。按现行汇率计算，和墨洛城镇组群三城市人均 GDP 为 1321.35 美元，介于 1200 ~ 2400 美元时，经济处于工业化初期阶段。

从表 5 - 16 可以看出，和墨洛城镇组群产业结构与全疆相比，其第一产业比例比全疆高 7.66 个百分点，第二产业比例比全疆低 22.66 个百分点，第三产业比例高于全疆 16 个百分点。从产业结构发展演变的进程来分析，和墨洛城镇组群整体产业结构呈现出"三—二"的发展态势，处于比较低级的产业结构中，其产业结构层次尚需优化。产业结构中第三产业占比较大，工业和商贸流通服务体系还不完备，工业产品结构单一，优势资源加工转化程度低。

表 5-16　和墨洛城镇组群产业结构现状

	GDP	第一产业	第二产业	第三产业	三次产业比例
和田市	46.59	3.72	16.63	26.24	7.99：35.69：56.32
和田县	22.02	8.06	4.97	8.99	36.61：22.57：40.85
墨玉县	29.23	12.07	2.61	14.55	41.28：8.94：49.78
洛浦县	18.29	5.24	3.38	9.66	28.65：18.50：52.85
和墨洛城镇组群	116.13	29.09	27.59	59.45	25.05：23.76：52.19
新疆	8510	1480	3950	3080	17.39：46.42：36.19

和墨洛城镇组群整体产业结构呈现出"三—二"的发展态势（见图 5-14），从城镇组群群内部各城市的产业发展来看具有相似性，即第二产业比重普遍偏低，第三产业比重普遍比第一、第二产业高，除和田市的第一产业比重偏低外，其余三个县 2013 年的第一产业比重均在 28% 以上，墨玉县高达 42.28%，说明墨玉县的经济还是以农业为主，墨玉县水土光热资源丰富，河水径流量 21 亿立方米、开发土地 55 万亩，是自治区重点棉区和蚕茧重点区之一，粮、棉、园、蚕、畜是其支柱产业；和田县第一产业比重为 36.61%，和田县是一个人多地少，有县无城，以维吾尔族居民为主的边境贫困农业大县，资源丰富、历史悠久，是古丝绸之路南道重镇，有煤、铁、铅、锌、铜、玉等 46 种矿产资源，更有浓郁的民族风情和优良的瓜果品质，是全国绿色食品原料（和田薄皮核桃）标准化生产基地；和墨洛城镇组群内各个县市的第二产业比例很不均匀，和田市最高达到了 35.69%，和田县和洛浦县均在 20% 左右，墨玉县仅为 8.94%，工业发展极其落后；和墨洛城镇组群内各个县市的第三产业发展较为均衡，和田市和洛浦县第三产业所占比例均超过了 50%，和田县和墨玉县也均在 40% 以上。和墨洛城镇组群以农业为主体经济，由于其特殊的自然环境，造就了和墨洛城镇组群的特色农业。目前已建成林果园艺基地、特色种植基地、特色养殖基地、能源矿产开发基地、特色维吾尔医药和民族传统加工基地五大基地，已拥有煤炭、电力、机械、棉纺、丝绸、食品、美术等众多的工业企业。

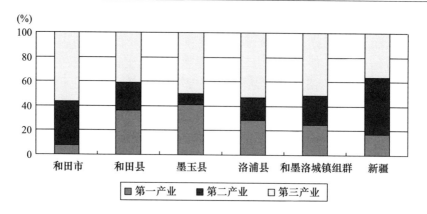

图 5 - 14 2013 年和墨洛城镇组群产业结构图

第二节 新疆城镇组群一体化的现实基础

一、乌鲁木齐都市圈

（一）地缘相接和交通相连

乌鲁木齐都市圈区域内各城市之间相互地缘相接，联系密切，且运距短，除了石河子距离稍远外，任意两个城市间的相互距离都不过 250 千米，并且都市圈内层中乌鲁木齐、昌吉、阜康、五家渠之间的距离只有几十千米（见表 5 - 17）。

表 5 - 17 乌鲁木齐都市圈主要城市相互距离矩阵　　　单位：千米

	乌鲁木齐	昌吉	阜康	五家渠	石河子	呼图壁	玛纳斯	沙湾
乌鲁木齐	0							
昌吉	37	0						
阜康	62	64	0					
五家渠	48	28	22	0				
石河子	152	115	162	131	0			
呼图壁	76	41	126	67	77	0		
玛纳斯	126	91	180	150	15	65	0	
沙湾	185	156	235	192	65	116	11	0

同时，城市间有多条快捷的联系通道：阜康、米泉、乌鲁木齐一线有高级公路和 314 国道、312 国道；石河子至乌鲁木齐有乌奎高速、312 国道；还有兰新铁路及一些中、低等级的公路相互联系。此外，今后随着乌鲁木齐到米泉、阜康城市之间轻轨路线的开通，都市圈内城市的联系更加密切。

除了距离较近外，各地间的经济联系和相互吸引力也较强，我们可以依据各地及主要邻近区域之间的距离人口和 GDP 来推算三地间的相互作用强度，相互作用强度的计算公式为：

$$P = \frac{(P_1 V_1 P_2 V_2)^{1/2}}{D^2} \tag{5-1}$$

式（5-1）中，P_1、P_2 为其中任意两城市总人口，V_1、V_2 为任意两城市间的 GDP，D 为两地间的距离。计算时距离为城市间运距而非直线距离，这样可以较为真实地反映城市间的经济联系和交通联系。经计算，乌鲁木齐都市圈主要城市相互作用强度如表 5-18 所示。

表 5-18　乌鲁木齐都市圈主要城市相互作用强度

	乌鲁木齐	昌吉	阜康	五家渠	石河子	呼图壁	玛纳斯	沙湾
乌鲁木齐	0							
昌吉	62.01	0						
阜康	25.08	2.41	0					
五家渠	18.49	5.55	10.22	0				
石河子	1.98	0.35	0.20	0.14	0			
呼图壁	4.52	1.59	0.19	0.30	0.24	0		
玛纳斯	3.52	0.69	0.20	0.13	13.67	0.42	0	
沙湾	1.32	0.19	0.09	0.06	0.59	0.11	25.02	0

随着新疆现代化进程的推进，乌鲁木齐都市圈在以通信网络远程宽带和智能化为中心的基础网络建设方面成绩显著，形成了数字微波、卫星、光缆为主体的长途通信传输网络系统进一步完善，使得城市信息化水平大为提高，具备了与国内外进行大规模、高速率交换信息流的条件。所有这些使得乌鲁木齐都市圈具有快捷、快速、高效的信息网络，成为新疆"信息高速公路"重点建设的区域。从而增强了都市圈经济增长和发展过程中的各种要素传递的可达性，保证了都市圈经济增长点辐射通道的通畅，从而构建了一条现代化的"立体丝绸之路"。

（二）经济联系紧密和产业互补

工业化、城市化助推都市圈发展集聚经济初显端倪。都市圈产业构成表现为以工业化支撑的产业发展体系，形成了优势资源加工、高新技术及大型装备制造业集群、产业互补的发展态势。拥有乌石化、特变电工、金风科技、石河子天业、中粮屯河等大型企业集团，拥有全疆知名品牌中的多数产品，这些为都市圈产业发展拓展了新的更大的市场空间。乌鲁木齐都市圈各城市水平较高，八个县市均高于全疆44.47%的平均水平，这为都市圈经济、人口等要素的集中，从而发挥集聚优势提供了基础。都市圈中的乌鲁木齐经济技术开发区、乌鲁木齐高新技术开发区、石河子经济技术开发区、昌吉高新区等同区经济的快速增长，有力地推动了城市工业化步伐与技术的进步。城市化的发展为都市圈提供了产业发展为创新提供了空间载体，同时也促进了要素的自由流动与集聚经济的发展。

（三）制度政策优势明显

乌鲁木齐都市圈制度环境建设方面，制度政策优势明显，已建立有利于都市圈发展的对话机制。乌鲁木齐都市圈核心城市乌鲁木齐是新疆政治和文化中心，其政治和文化功能涵盖全疆。随着现代化交通、通信体系的建立和完善，使得乌鲁木齐都市圈将会拥有较强的政治文化创新、接纳、吸收优势。作为全疆首府、政治中心所在地，政府政策导向能够对周边县市辐射及时、到位；乌鲁木齐都市圈周边县市由于距离全疆的政治中心较近，发展过程中有关的新问题、新思路可以及时有效地反馈到首府，有利于乌鲁木齐有针对性地制定新法规、新政策。2003年6月，来自乌鲁木齐、昌吉、米泉、阜康、石河子、五家渠六个城市的领导聚集乌鲁木齐。各城市领导就各自的发展思路、今后合作与发展各城市的主动接轨融入、发挥优势共赢等方面的问题进行了磋商和讨论，并签署了《乌鲁木齐城市经济圈旅游合作协议》。乌鲁木齐城市经济圈城市经济协作委员会第一次会议的胜利召开为各城市今后建立良好的对话机制与互相合作的平台起到了推动与示范作用。

（四）人力资源优势凸显

在人力资源方面，乌鲁木齐都市圈在全疆处于领先优势。这里集中了新疆35所高校及职业学校，在校学生总数占到全疆的半数以上，仅乌鲁木齐市就集中了新疆大学、新疆财经大学、新疆科学院等高校和主要研究机构，无论是科技人才规模、质量以及科研投入与研究成果都是疆内其他地区无法比拟的。人力资源的大量培养与吸收为提高都市圈创新与知识扩散提供了强有力的智力支持与保障。

二、克奎乌城镇组群

克奎乌城镇组群是新疆南北疆重要的铁路、公路交通枢纽，居于经济相对发达的乌鲁木齐地区和经济相对落后的南北疆地区之间，既有与先进城市协作的便利条件，又是带动南北疆相对落后地区的一个最有力的支撑点，使克奎乌城镇组群客观上具备区域中心城市的战略地位。克拉玛依、奎屯和乌苏三地区域相连，是天山北坡经济带上的核心发展区域，便捷的综合交通网呈扇形辐射新疆北部所有边境口岸，逐步成为国家和自治区"东联西出，西来东去"的重要货流集散地和出口加工基地。通过北疆铁路及 312 国道、305 省道连接集铁路、公路、管道运输集一体的阿拉山口口岸、霍尔果斯口岸和通过 G3015 通达巴克图口岸（塔城地区）实现和哈萨克斯坦的联通；通过连霍高速和 312 国道向东联通昌吉州、乌鲁木齐、哈密，向西连接精河县、伊宁市，通过 305 省道联通博乐市和阿拉山口市，通过奎北铁路和 217 国道向北连接克拉玛依、阿勒泰和北屯市，通过 217 国道向南连接库车、阿克苏通达南疆各地市，通过便捷的交通辐射天山北坡经济带和新疆口岸经济带。区域内也通过城际道路联通，市域道路网基本形成，形成国道、省道和县、乡公路纵横交错的公路交通网络，实现便捷快速的内部互通，奎屯市距离乌苏市仅有 19.8 千米（见表 5-19），距离克拉玛依市独山子区仅 14.5 千米，奎屯市、乌苏市、克拉玛依市独山子区被称为北疆"金三角"。

表 5-19　克奎乌城镇组群主要城市相互距离矩阵　　　　　单位：千米

	奎屯市	克拉玛依市	乌苏市
奎屯市	0		
克拉玛依市	141.9	0	
乌苏市	19.8	161.7	0

除了距离较近外，三地间的经济联系和相互吸引力也较强。我们依据三地及主要邻近区域（独山子、沙湾、石河子）之间的距离人口和 GDP 来推算三地间的相互作用强度。城市间相互作用强度深受距离影响，三地相互间距离较近，联系密切作用强度也较大（见表 5-20）；此外，可以从三地与相邻城市作用强度的对比中看出该区域由于距离上的优越性及本身的经济实力，相互作用强度远高于相邻的其他城市，这就有力地证明了三地城市重组的必要性和紧迫性。

表 5-20　克奎乌城镇组群主要城市相互作用强度

	奎屯市	克拉玛依市	乌苏市	独山子	沙湾	石河子
奎屯市	0					
克拉玛依市	0.33	0				
乌苏市	6.52	0.32	0			
独山子	6.76	0.21	4.17	0		
沙湾	0.51	0.17	0.44	0.16	0	
石河子	0.42	0.37	0.41	0.14	3.87	0

地域空间上，奎屯、乌苏、克拉玛依三地城市间距小，城市布局密度大，区位优越，城市功能上互补性强，互动明显，经济各具特色。奎屯市在城市规划建设上起点较高，交通系统完善，农垦和商贸经济发达；克拉玛依市城市化水平很高，基础设施建设完善，现在已经建成国家级的石油化工基地；乌苏位于亚欧大陆桥西线旁，交通便利，耕地、光热资源丰富，农、林、牧、副业较为发达。在产业方面，三地产业结构各有优劣势，在城镇组群内部正好具有良好的互补性，有利于区域经济一体化的发展。

三、和墨洛城镇组群

和墨洛城镇组群一市三县同处于玉龙喀什河与喀拉喀什河汇合而形成和田灌溉的和田绿洲（亦称和田河绿洲），有着水同源的生态特征。和田河是塔里木河的重要源头之一，径流量占和田地区各河总量的61.2%，和田绿洲是塔里木盆地南缘最大的一块绿洲。从区域经济发展来看，和墨洛城镇组群的发展已经成为整个和田地区加快发展的重要标志。

和墨洛地区人口产业都比较密集，一市三县城际距离在60千米以内（见表5－21），交通便利，相互之间经济交流密切，要素流动活跃。为充分发挥这一优势，地区按照"零距离换乘"的要求，将地面公共交通、市郊铁路、私人交通等设施与城际铁路、干线公路、机场等紧密衔接，大大优化了和墨洛地区与外界交流的条件。

表5－21　和墨洛城镇组群主要城市相互距离矩阵　　　　单位：千米

	和田市	和田县	墨玉县	洛浦县
和田市	0			
和田县	19.6	0		
墨玉县	26.75	46.14	0	
洛浦县	27.7	45.12	52.61	0

特别是喀和铁路全线贯通，结束了和田地区不通铁路的历史，开通了和田与北京、天津和安徽的直航班机，每天在和田机场起降的班机达到十几班次，年输送乘客百万人以上。和墨洛国家级高速公路、和田—阿拉尔沙漠公路的建设，以及农村公路建设的全面铺开，覆盖范围、通达深度大幅提高等都为加快建设以和田市为中心的城镇群，辐射带动整个和田地区加快发展提供了坚实的物质基础。从三地城市相互作用强度的对比中，可以看出该区域在合作中具有一定的优越性，尤其是以和田市为核心的经济辐射区作用强度都大于1（见表5－22）。

表5-22 和墨洛城镇组群主要城市相互作用强度

	和田市	和田县	墨玉县	洛浦县
和田市	0			
和田县	2.6	0		
墨玉县	2.2	0.5	0	
洛浦县	1.1	0.3	0.31	0

党中央全方位、高层次启动了新一轮对口援疆工作，对口支援和田地区的有北京市、天津市和安徽省。其中，北京市负责支援和墨洛一市三县。三年来，北京市累计投入援助资金36.87亿元，实施援助项目262个，重点投向民生领域，大大提升了和田各族群众的幸福指数。对口援疆资金的大量涌入和外省市投资、外迁产业正加快向这一城市的涌入；政府推进和田市城市圈建设的力度不断加大，特别重要的是，企业社会广泛呼应，圈内城市民间经济、技术、人员交流日益频繁，这将成为推进和墨洛一小时经济圈一体化发展的深厚基础。特别是在北京市的大力支持下，加快以核桃、红枣、葡萄、蔬菜、花卉等为主的优质农产品生产基地建设已经取得了积极的成效。重点抓好和田市滨河新区和火车站区、和田县经济新区、洛浦县工业园区、墨玉县工业园区"两区三园"的建设正在扎实推进，促进了产业聚集，提升了工业发展水平。在发展农副产品精深加工、电力、石油天然气开发利用、旅游等产业方面都取得了实质性的进展。大力推进和墨洛城镇化进程，并充分发挥其核心经济区的辐射和带动功能，必然会对全地区的科学跨越、后发赶超产生重大影响。

和墨洛浦一市三县同在和田绿洲，自然环境相同，产业关联密切，同时又各具特色。如和田县是全国绿色食品原料（和田薄皮核桃）标准化生产基地，有"地毯之乡"的美誉。墨玉县是自治区重点棉区和蚕茧重点区之一，是维吾尔族医药生产基地，以及野生药用植物如大芸、甘草、麻黄、蔓佗箩等的重要产地。洛浦县是野生药用植物的重要产地，是特色维药的加工基地。在矿产资源方面，墨玉县矿产资源极为丰富，天然气储量丰富，有玉石（墨玉）、黄金、金刚石、石灰石、红胶土、石榴石等矿产。洛浦县的矿产有玉石（白玉、籽玉）、石灰石、石膏石、红砂石、耐火土等。虽然和田市与和田、墨玉、洛浦三县的产业层次不同，但经济互补性强，有利于协助分工，合作开发、利用资源。和田市便利的交通和园区聚合效应正在形成，可以为各县提供更好的服务，已经在很多领域有着良好的互动关系，今后随着互补合作的进一步发展，和田市的辐射带动作用也将更加明显，将有利于和田县、墨玉县和洛浦县的特色林果业生产基地、农副产品养殖加工基地、药材生产加工基地的建设。因此，建立以和田市为中心的城镇群对和田地区的经济繁荣发展、社会和谐稳定具有重要意义。

四、库尔勒城镇组群

库尔勒城镇组群区域内城市地域相邻，交通便利，相互之间经济交流密切，库尔勒市与尉犁县两座城市相距50千米，同位于天山南麓、塔里木盆地东北缘、孔雀河畔。由于人文地理同源、水土光热同质、交通网络贯通、产业结构相近，库尔勒市与尉犁县只有"南扩"和"北进"，才能为两座城市在更加广阔的范围内合理分工协作、优化资源配置提供更加广阔的舞台。

表5-23　库尔勒城镇组群主要城市相互距离矩阵　　　单位：千米

	库尔勒市	尉犁县	轮台县	博湖县	焉耆县	和静县	和硕县
库尔勒市	0						
尉犁县	60	0					
轮台县	180	234	0				
博湖县	80	116	245	0			
焉耆县	70	105	234	12	0		
和静县	110	133	263	45	34	0	
和硕县	110	144	274	58	48	47	0

如今在区域一体化战略的指引下，库尔勒市正加快打造全国最大的棉纺化纤生产基地，全疆重要的石油石化、天然气精细化工基地和油田装备制造技术服务战略基地，南疆特色农副产品加工出口基地和能源建材、矿业加工基地。按照资源开发可持续、生态环境可持续的要求，走科技含量高、资源消耗低、环境污染少的新型工业化道路，更加注重新型工业化与保护生态环境、提高人民群众幸福指数的有机融合，积极引进高科技项目，加大节能减排力度，提升对全州乃至全疆经济的带动力。库尔勒城镇组群主要城市相互作用强度如表5-24所示。

表5-24　库尔勒城镇组群主要城市相互作用强度

	库尔勒市	尉犁县	轮台县	博湖县	焉耆县	和静县	和硕县
库尔勒市	0						
尉犁县	1.13	0					
轮台县	0.16	0.01	0				
博湖县	0.34	0.02	0.005	0			
焉耆县	1.15	0.06	0.014	2.33	0		
和静县	0.62	0.05	0.015	0.22	0.98	0	
和硕县	0.23	0.01	0.005	0.049	0.19	0.26	0

依托库尔勒城镇组群区域丰富的棉花资源和棉纺企业的现有基础与规模，打造"轧花—纺纱—织布—印染"、"棉短绒—浆粕—粘胶纤维"、"棉籽—精炼食用油—酵母蛋白饲料—植物油酸"三大棉花产业链，构筑以棉纺、特色资源、农副产品深加工为主体的产业集群。以粘胶纤维项目为契机，依托资源、园区、地缘优势，建设"专业集成、投资集中、资源集约、效益集聚"的特色经济园区；全力扶持24万吨粘胶纤维项目，甘草黄酮技改二期、三期和单胺盐等项目，尽快形成投资成本洼地和项目聚集高地；加快推进库尔勒城镇组群优势互补、资源共享、联动共进的发展新格局。

五、库车城镇组群

区域经济的关联性是库车城镇组群发展的基础。库车县1913年建县时，沙雅、新和均属库车县管辖。库车西距新和35千米、南距沙雅50千米，往来仅需半小时车程，呈"品"字形，在地理位置上完全具备了发展一体化经济的区域条件，为城市集群发展奠定了良好的地理区位基础。库车城镇组群集聚了南疆最为丰富的能源资源，盛产石油、天然气和煤，是国家西气东输的主气源地，具备发展能源产业的比较优势，各县均有各自的石化工业园区。地理位置、产业特征构成了库车城镇组群发展的基础。

目标任务的相似性是库车城镇组群发展的动力。长期以来，由于库车—沙雅—新和—拜城四地地理位置接近（见表5－25），人口结构相似，资源环境大致相同，因此发展目标"不约而同"，均以新型工业化、农牧业现代化、新型城镇化为目标。目标任务的一致性从客观上推动了库车城镇组群的发展。库车城镇组群主要城市相互作用强度如表5－26所示。

表 5 – 25　库车城镇组群主要城市相互距离矩阵　　　　单位：千米

	库车县	沙雅县	新和县	拜城县
库车县	0			
沙雅县	50	0		
新和县	35	42	0	
拜城县	113	168	146	0

血脉相连、文化相通。库沙新拜四县在秦汉时代为"西域三十六国"的龟兹国，龟兹国曾是"丝绸之路"北道的中心地区，中西文化在此贯通交汇，是举世闻名的龟兹文化发祥地。龟兹国延续了700多年，当地居民形成了相同的生活习性、血缘关系、文化认同及归属感。新中国成立初期，库车县曾是沙雅县、

新和县的中心县，因此，千百年来四县之间的各种联系也为区域一体化提供了凝聚力。

表5－26　库车城镇组群主要城市相互作用强度

	库车县	沙雅县	新和县	拜城县
库车县	0			
沙雅县	1.11	0		
新和县	1.44	0.43	0	
拜城县	0.22	0.04	0.04	0

国家政策支持力度是库车城镇组群发展的关键。1995年，党中央提出西部大开发战略，将西部地区确定为21世纪国家发展的新的增长极。2010年，中央新疆工作座谈会召开，提出了促进新疆跨越式发展和长治久安战略，自治区党委政府提出建设南疆石化产业带和加快南疆地区发展的政策措施。中共十八大提出"优先推进西部大开发"，"加大民族地区、边疆地区、贫困地区扶持力度"，这都为库车城镇组群的经济社会发展提供了极佳的政策机遇。

六、阿克苏城镇组群

阿克苏、温宿和阿瓦提三市县的县域经济同质性、互补性比较强，城际距离相近，且交通便利，具备建立以阿克苏市为中心城镇群的条件。虽然三市县城镇化率各不相同，其中，阿克苏市城镇化水平较高，温宿县、阿瓦提县城镇化水平较低，但城镇之间交通便利，有条件形成融合发展的"一小时"经济圈。三市县总人口接近100万人，城镇化率接近40%。利用城镇群融合发展的优势，可以有效避免小城镇承载能力差、城镇化率低等弊端，从而达到大城市所应具有的一些功能。

表5－27　阿克苏城镇组群主要城市相互距离矩阵　　　　　　单位：千米

	阿克苏市	温宿县	阿瓦提县
阿克苏市	0		
温宿县	15	0	
阿瓦提县	67	82	0

温宿县、阿瓦提县的居民利用双休日及重大节假日到阿克苏市休闲、旅游、购物者比例已接近98%，温宿县在阿克苏市购房者比例已达到80%，阿瓦提县

在阿克苏市购房者比例也已达到60%～70%，极大地带动了阿克苏市的商贸、物流、旅游、金融、服务等相关产业的发展，中心城市地位凸显。阿克苏城镇组群主要城市相互作用强度如表5-28所示。

表5-28　阿克苏城镇组群主要城市相互作用强度

	阿克苏市	温宿县	阿拉尔市	阿瓦提县
阿克苏市	0			
温宿县	11.87	0		
阿拉尔市	0.43	0.1	0	
阿瓦提县	0.58	0.14	0.16	0

三市县的产业发展情况不尽相同，各有优劣，产业之间发展不平衡，县域经济同质性、互补性比较强，融合发展可以使经济总量达到相应规模，相似产业可以更加做大做强，产业结构更趋合理。阿克苏地区作为"中国棉都"，棉花产量持续占全疆的1/3，占全国的1/8，其中长绒棉占全国总产量的93%。棉花产量稳定在50万吨以上。地区提出未来五年要建立南疆乃至西北最大的纺织工业城，要达到1000万锭规模，依据各县市自己的实力很难达到，将各县市纺织产业化规模融合发展前景广阔，尤其是阿瓦提县素有"长绒棉之乡"的美誉。作为新疆棉花种植的重要基地，阿瓦提县具有得天独厚的发展纺织工业的基础条件。与阿克苏市融合发展，推动集群跨越式发展前景广阔。

七、伊犁河谷城镇组群

"十一五"期间，在国家、自治区、自治区交通运输厅、伊犁州的共同努力下，伊犁州共新建、改建公路里程5135千米，累计投资131.8亿元，其中，农村公路投资16.5亿元，新建、改建4288千米。客运站点建设完成投资6500万元，实现了公路交通由严重制约到明显缓解的历史性转变。赛—果高速公路、316省道新源则克台—巩留旱田公路、乔尔玛—那拉提公路、那拉提—库如力公路已建成通车；奎屯—克拉玛依高速公路、217国道独山子—乔尔玛公路建设进展顺利，伊宁—墩麻扎高速公路、242省道尼勒克—巩留公路等重点项目已开工建设。2013年，投入建设伊犁河三桥，规划南北两岸的道路，达到连接伊犁河的作用。伊犁河三桥项目位于伊犁河二桥（伊犁河特大桥）下游约6千米处，连接伊犁河南北两岸规划道路。建成后，可拓展城市空间、完善伊犁州综合交通体系，加强霍尔果斯经济开发区与伊犁河南岸地区多方位联系，是伊—霍经济圈区域一体化战略重要的基础配套工程。除此之外，计划建成提供能源运输专用道路的资源路。其中，近期路线全长约 23 千米，设计标准为公路一级，项目起点接伊宁县资源路，沿苏拉宫工业园区北侧布线，终点至伊宁边境经济合作区广东路交叉口。项目将为伊宁边境经济合作区和苏拉宫工业园发展提供便捷的能源运输专用道路，减少国省干线上的煤炭运输车辆，保障城市交通安全，降低对城市的污染，为伊宁市与伊宁县之间增添一条联系通道，推动"大伊宁"一体化发展。伊犁河谷城镇组群主要城市相互距离矩阵如表 5 - 29 所示。

表 5 - 29　伊犁河谷城镇组群主要城市相互距离矩阵　　　　单位：千米

	伊宁市	伊宁县	察布查尔县	霍城县	霍尔果斯市
伊宁市	0				
伊宁县	19.84	0			
察布查尔县	13	41.1	0		
霍城县	49	66.66	60	0	
霍尔果斯市	49.8	114.4	111	55.1	0

从伊犁州直 5.6 万平方千米的层面考察，伊犁河谷城镇组群发展基础最优，发展环境最佳。区位、交通条件优越，紧邻哈萨克斯坦边境，拥有两个国家一类口岸开放，拥有连接欧亚大陆的洲际陆路大通道，拥有联通州内各县的放射型公路网络，也是当前冬季伊犁河谷出州通道的必经之地。

从表 5 - 30 可以看出，伊犁河谷城镇组群的发展主体都具有各自的显著特征，其发展动力和空间资源具有优越的互补性。伊犁河谷城镇组群第一圈层区包括霍城县、伊宁县和察布查尔县。伊宁县和察布查尔县与伊宁市的经济联系较为密切，在伊犁河谷区域与伊宁市的隶属度较高，虽然霍城县距离伊宁市的距离相对于伊宁和察布查尔县较远，与伊宁市的经济联系强度低于伊宁县和察布查尔县两县，但霍尔果斯经济特区的建立、精伊霍铁路的贯通及 312 国道和 218 国道贯穿全境，使霍城县成为伊犁河谷区域既能贯通河谷区域继而向南疆巴音郭楞蒙古自治州延伸，又能连接与博尔塔拉蒙古自治州直至新疆首府乌鲁木齐的地区，是伊犁河谷区域及新疆乃至全国向西开放战略的桥头堡，区位优势十分显著。霍尔果斯是伊犁河谷城镇组群的重要发展极，拥有良好的经济发展基础，发挥面向新疆乃至全国的对内对外交流的枢纽功能毋庸置疑，霍尔果斯经济合作区的封关运行及霍尔果斯经济特区的建立使其充分具备经济发展的政策优势，在新疆发展的新形势下，霍尔果斯作为伊犁河谷区域的经济增长作用将会日益强劲。

表5-30　伊犁河谷城镇组群发展主体基本情况表

类型	名称	特征	发展动力与发展空间资源情况
县级市	伊宁市	伊犁州政府驻地；全州政治、经济、文化中心	中心城市发展动力强劲，但空间严重不足
县	伊宁县	与中心城市伊宁距离相近	发展动力一般，有发展空间
	霍城县	工业区与县城分离	发展动力充足，但发展的空间位于下属清水河镇，不在县城
	察布查尔县	民族自治县，享有民族自治权利	有发展空间，但自身基础薄弱；工业发展空间与县城空间分离
口岸	霍尔果斯口岸	国家一类口岸；欧亚大陆桥公路、铁路大通道；我国唯一国家合作的跨境自由贸易区——中哈霍尔果斯国际边境合作中心，也是上海合作组织框架下区域合作的示范区	发展动力强劲，发展空间受限，管辖区被新疆生产建设兵团61、62包围

这些都为加快建设以伊宁市为中心城镇群，辐射带动整个伊犁地区加快发展提供了坚实的物质基础。从各城市相互作用强度的对比中，可以看出该区域在合作中具有一定的优越性，尤其是以伊宁市为核心的经济辐射区作用强度都大于1，且伊宁市、伊宁县和察布查尔县的相互作用强度分别达到了12.53和12.33（见表5-31）。

表5-31　伊犁河谷城镇组群主要城市相互作用强度

	伊宁市	伊宁县	察布查尔县	霍城县
伊宁市	0			
伊宁县	12.53	0		
察布查尔县	12.33	0.76	0	
霍城县	2.33	0.73	0.41	0

伊宁火车站片区是伊宁市工贸园区的组成部分，其规划布局西至农四师66团场、东临313省道、北靠北岸干渠、南临伊犁河，远期规划100平方千米。该区域有着良好的交通条件，218国道穿区而过，清伊高速公路环绕全区域，精伊霍铁路伊宁中心站位于区域中，一个内连国内公路，外接中亚国家公路、铁路干

线，通达中亚、欧洲的便捷立体交通网络即将建立。在整个区域中，有规划面积40平方千米的工业园区、规划面积30平方千米的国际商贸物流园。在伊宁火车站片区商贸项目方面，有丰富的商贸和商住项目，包括服装鞋帽、建材家居、日用百货、电子数码、特色商品、民俗餐饮、旅游文化等；建成了中亚国际陶瓷城、家天下国际家居文化城、伊宁口岸海关监管库、新地发国际商贸广场等。自治区人民政府批准在伊宁市新发地国际广场设立边民互市贸易区，并计划加快边民互市贸易区围网和监控设施建设，并为海关、检疫检验部门入驻提供办公条件。新发地国际广场拥有各类专业市场，配套的公寓酒店、办公、餐饮场所等设施齐全，是目前新疆基础设施比较完善的综合性批发市场之一。随着全部商贸项目陆续竣工投入使用，火车站片区将成为伊宁市集商贸、文化、旅游、休闲、娱乐于一体的面向国内外、重点辐射中亚和俄罗斯的重要商品集散地及国际商贸核心区。

随着"新亚欧大陆桥"的建成和"渝新欧"国际铁路的开通以及中哈铁路线在霍尔果斯的贯通，伊犁边境贸易进入了新的发展阶段，伊犁河谷城镇组群外向型经济也得到迅猛发展。

由表5-32可以看出，伊犁河谷城镇组群以大伊宁核心区为重心，以霍尔果斯口岸为重点，确定了区域城镇的产业分工。高载能向伊东、伊南工业园集中；城镇新型产业空间向城镇工业园区集中，布局了先进制造业、物流、科技研发等无污染或低污染产业等；利用口岸、特区辐射带动，发展出口导向型高附加值产业。

表5-32　伊犁河谷城镇组群产业分工一览表

名称	产业分工
伊宁市	先进制造业：依托霍尔果斯经济开发区伊宁园区和中心城市优势，发展农副产品精深加工业
伊宁县	先进制造业、生物制药、高新技术产业；优势资源转化加工业
霍城县	依托县域丰富的农业资源，重点发展农产品精深加工，依托惠远古镇发展旅游相关产业
察布查尔县	现代服务业：商务、金融、科研、会展、文化创意产业等，绿色农副产品加工，锡伯族特色旅游业
霍尔果斯口岸	依托口岸和交通枢纽优势优先发展商贸物流、商务洽谈、出口加工、先进制造业等
可克达拉市	利用兵团薰衣草、棉花等经济作物，重点发展农产品精深加工

在物流业发展方面，伊犁河谷城镇组群已规划形成由综合物流园区、物流中心和配送中心构成的三级物流节点体系。综合物流园区是区域货物运输的骨干物流节点，是具有较强物流资源集聚功能的特点区域；物流中心作为物流园区的有效支撑，物流功能齐全，具有完善的信息网络；配送中心直接面向物流服务的需求终端，进行集货、加工、分货、拣选、配货、组织运货等服务（见表5-33）。

表5-33 伊犁河谷城镇组群规划物流节点

分类	名称	交通设施	功能分工
综合物流园区	伊宁市综合物流园	清哈高速公路、精伊霍铁路伊宁站、伊宁机场	实现公、铁、空联运，直接服务于伊宁边境合作区和霍尔果斯特殊经济开发区伊宁园区，同时为大伊宁核心区及周边地区提供物流服务
	霍尔果斯国际物流园	精伊霍铁路霍尔果斯国际转运站、连霍高速公路接亚洲5号公路	实现公铁联运，直接服务于霍尔果斯特殊经济开发区及周边地区，承担中哈国际物流中转、仓储、加工等服务
物流中心	都拉塔口岸物流中心	精都高速公路	依托公路口岸优势，提供中哈国际物流服务，直接服务于察布查尔县及周边地区，作为霍尔果斯国际物流园的补充
	伊南物流中心	精伊霍铁路支线	依托公路及铁路支线，直接为伊南工业园提供货运集散、中转服务，并为周边农业产品配送提供服务
	伊东物流中心	精伊霍铁路布列开站、清哈高速公路	实现公铁联运、直接为伊东工业园、伊宁县提供货运集散、中转服务
	清水河物流中心	精伊霍铁路清水河站、清哈高速公路、连霍高速公路	依托公路及铁路优势，直接为霍尔果斯特殊经济开发区清水河园区、清水河镇区及周边地区提供货运集散、中转、仓储、配送等服务
配送中心	结合伊宁县、察县、霍城、伊宁市分别建设物流配送中心		提供城市生活物资配送服务及农副产品运输、配送等服务

伊犁河谷城镇组群人文通脉，有远近闻名的历史文化名城、名镇、民村，为发展旅游业提供了天然的契机（见表5-34）。伊犁河谷文化旅游带是大伊宁地区乃至伊犁哈萨克自治州文化景观最为集中的地区，呈带状分布，包括霍尔果斯、霍城县惠远古城、伊犁将军府、伊宁市、察布查尔县，应充分利用加强文化古迹和历史建筑的保护，将更多文化相关产业融入旅游业，并开发沙漠越野等新产品，拓展旅游业内容，其建筑类文物保护单位如表5-35所示。

表5-34 伊犁河谷城镇组群历史文化名城、名镇、名村

名称	级别	历史文化
伊宁市	自治区历史文化名城	惠宁呈历史城区、熙春城历史城区、宁远城历史城区
惠远镇	国家历史文化名镇	惠远镇
孙扎齐牛录	国家历史文化名村	靖远寺、关帝庙、娘娘庙

表5-35 伊犁河谷城镇组群国家、自治区级建筑类文物保护单位一览表

伊宁市	三区革命政府政治文化活动中心旧址、陕西大寺、拜土拉清真寺宣礼塔
霍城县	伊犁将军府、惠远钟鼓楼、水定陕西大寺
察布查尔县	靖远寺、纳达齐牛录关帝庙、孙扎齐牛录关帝庙、扎库齐牛录娘娘庙、乌珠牛录关帝庙、依拉齐牛录关帝庙

伊犁河谷城镇组群内旅游业也呈现互补优势。伊宁中心核是伊犁河谷城镇组群的服务中心，以城市休闲、民族文化、特色购物、饮食娱乐为主要功能；霍尔果斯中心核依托霍尔果斯口岸，作为伊犁河谷城镇组群的二级服务基地，加强基础设施建设、边民互市贸易市场的特色化改造，结合边境商贸旅游会议，将边境商贸同边境文化、哈萨克文化、乌孙文化相结合，打造特色购物场所，开展丰富的旅游活动；察布查尔县乌孙山自然风光轴，以琼博拉森林公园为核心，突出森林生态主题，打造城市森林氧吧、休闲度假疗养基地；察布查尔县锡伯族文化旅游区以锡伯族文化为主打，开展了特色城市旅游；伊宁县以薰衣草产业发展为主，打造了完善的乡村旅游基地。伊犁河谷城镇组群将旅游业作为主导产业，拉动其他产业和经济的发展。

八、大喀什城镇组群

大喀什地区位于新疆南部，地处中亚、南亚重心位置，与塔吉克斯坦、阿富汗、巴基斯坦三国接壤，边境线总长888千米，邻近吉尔吉斯斯坦、乌兹别克斯坦、印度三国，境内有红其拉甫、卡拉苏两个国家一类陆路口岸和喀什机场国际航空港一类口岸，是我国进入中亚、南亚、西亚以及欧洲的国际大通道。大喀什地区也是南疆三地州人口最多、综合实力及竞争力最强的地区。克州位于新疆西南部，是我国最西部重要的安全战略屏障，是我国和新疆向西开放的最前沿，是走向中亚、西亚、南亚以及欧洲的国际大通道和桥头堡，是一个"人口小州、经济穷州、边防大州、战略重州"；也是新疆边境线最长的地州，边境线总长1195千米，与吉尔吉斯斯坦、塔吉克斯坦接壤，境内有吐尔尕特和伊尔克什坦两个国家一类陆路口岸。克州的中心城市阿图什市距离喀什市仅30千米。喀什和克州

在地域上相连相融。目前，由两地州共同组成的"大喀什城镇组群"已经形成了"五口（岸）通八国、一路连欧亚"的区域开放格局。

从交通上看，314国道、阿喀高等级公路、南疆铁路穿境而过，贯通相连，县乡公路纵横交错，使阿图什市、阿克陶县（距喀什市38千米）融入大喀什半小时经济圈成为现实。和中吉乌国际大通道的贯通，和喀什特殊经济开发区的建立，作为其重要组成部分的克州必将加快融入大喀什经济圈（区）的步伐；随着伊尔克什坦口岸10平方千米区域——喀什特殊经济开发区最现实意义上的延伸区和功能区的建设，与喀什市接壤的乌恰县也必将融入大喀什经济圈（区）中，通过加快推进建设喀什至伊尔克什坦口岸的快速通道，形成一小时经济圈（见表5-36）。

表5-36 大喀什城镇组群主要城市相互距离矩阵 单位：千米

	喀什市	阿图什市	疏勒县	疏附县	阿克陶县	岳普湖县	英吉沙县	伽师县	乌恰县
喀什市	0								
阿图什市	30	0							
疏勒县	7	53.65	0						
疏附县	15	59.25	27.79	0					
阿克陶县	38	84.87	33.45	58.84	0				
岳普湖县	76	131.72	74.38	108.69	103.73	0			
英吉沙县	65	110.78	59.36	84.75	39.56	97.93	0		
伽师县	75	81.85	76.46	86.06	106.37	33.2	132.77	0	
乌恰县	95	93.32	109.62	115.85	139.88	186.73	165.94	165.32	0

大喀什城镇组群内部有着相交相融的历史渊源，有着相互依托的对外开放口岸和相互连通的对外开放物流通道以及相互对接的商贸旅游市场。从区位上看，喀什市与阿图什市是南疆地区乃至全疆距离最近的两个地州中心城市（相距仅30千米），内部各城市之间历来联系紧密，文化交流渊源深厚，贸易往来频繁，占尽区位先机。

从区域空间相互融合性来看，大喀什城镇组群在区域空间上相互交融，在行政区分布上呈现互相包容的景象，喀什北邻克州的阿图什市，西邻克州的乌恰县，南邻克州的阿克陶县。在地理空间上看，大喀什经济圈（区）中的核心圈及紧密圈基本形成，喀什市的中心城市地位和阿图什市的副中心城市地位特征非常明显，其目标是全面提升和优化产业结构，加快培育区域优势产业体系，大力发展具有强大区域组织功能的商贸、物流、旅游等生产性和生活性服务业，加快推进新型工业化和城镇化，提高区域的核心竞争力。阿图什城区将向西向南拓展，乌恰向东拓展，阿克陶向北拓展，与喀什形成良好的空间关系。喀什市与疏勒县在空间上紧密相连，是喀什市跨越发展的重要依托区；疏附县部分区域环绕喀什市，是喀什市空间拓展的重要依托区。未来，在大喀什经济圈（区）将形成空间上融合发展的局面。

建设大喀什城镇群具有一定的有利条件。2010年，中央新疆工作座谈会提出，在喀什设立经济开发区，实行特殊经济政策，充分发挥其向西开发的区位优势，努力打造"外引内联、东联西出、西来东去"的对外开放合作平台。这说明喀什经济开发区已上升为国家战略，有先行先试的政策，同时还有财政、税收、进出口、金融、投资、土地、科技、扩大开放八方面十项优惠政策。特别是2012年4月喀什综合保税区开工建设，规划面积3.56平方千米，有保税仓储、保税物流、展览展示、增值加工、监管服务和口岸操作六个功能，是开放程度高、优惠政策多、功能齐全、手续简化的海关特殊监管区域。

新一轮对口援疆强力助推。在新一轮援疆工作中，对口支援喀什市的深圳市是我国最早成立的经济特区之一，也是办得最好、影响最大的一个特区。对口支援疏附、疏勒的分别是广东省广州市和山东省东营市，都是沿海发达地区的经济强市。而疏附、疏勒两县都是对口援疆试点县，由援疆干部任县委书记，援助支持力度强劲，不仅带来了先进的发展理念、成功的特区发展经验，而且有资金、人才、项目、教育、技术等源源不断的输入，为城镇集群发展提供了强大的外部支撑。

前期建设基础扎实。自治区和喀什地区的"十二五"规划都对此做出了部署，一市两县的"十二五"规划也都针对建设"大喀什"提出了各自具体的操作办法。喀什市行政区域面积较小，人口密集程度甚至超过沿海地区。2004年前后，喀什地区曾三次调整了行政区划，把疏附县五个乡划到喀什市这一市两县同城化发展的氛围已经形成，经济社会和各项事业协调、持续、快速发展的基础十分扎实。喀什市与疏附县、疏勒县紧密相连，在版图上正好构成一个核心区域（核心圈）；喀什市与阿图什市、阿克陶县位置相近，交通方便，构成一个紧密圈；喀什市与伽师县、岳普湖县、英吉沙县、乌恰县四县接壤，正好形成一个外围辐射圈。九县市都有丰富的资源，各具特色和优势，圈内更易形成互补。抓住大开放、大开发、大发展的良好机遇，加强圈内合作，充分发挥圈内各县市的综合优势，更能获得较好的发展。加快打造大喀什经济圈（区），成为引领南疆地区经济社会发展的重要增长极，对加快全疆经济发展、巩固和加强民族团结、繁荣和稳固边疆具有重要意义。

第三节　新疆城镇组群一体化的制约因素分析

八大城镇组群各自同属一个经济圈，地缘、人缘、业缘具有天然联系，在产业、基础设施、环境保护等方面已有一定程度的合作，但离区域一体化还有相当漫长的路程。还存在很多制约因素，概括起来影响城镇组群区域一体化协调发展的制约因素主要有以下方面：

一、行政壁垒阻碍，形成相互掣肘的局面

地区政府间缺乏密切合作是区域一体化难以实现的根本原因。一些地方政府依然存在封闭式发展思维，为"争夺地方经济利益"，政府之间在制定政策时，并没有把区域利益作为行动的最终目的来考虑，这使得区域一体化的最终目标仍要受制于各自的行政目标。地方政府间利益冲突是区域一体化实现的主要障碍。可以分为两类：第一类分别隶属于不同行政管辖范围，如乌鲁木齐都市圈、克奎乌城镇组群、大喀什城镇组群等三个城镇组群；第二类是隶属于统一行政管辖范围，如库尔勒城镇组群、和墨洛城镇组群、库车城镇组群、阿克苏城镇组群、伊犁河谷城镇组群。

对于第一类分别隶属于不同行政管辖范围的城镇组群发展来说，行政壁垒阻力相对更大。乌鲁木齐都市圈区域内，五家渠、石河子属于新疆生产建设兵团管辖，沙湾县属于塔城地区分管，其他各城市分属乌鲁木齐市和昌吉回族自治州管辖，形成了自治区和兵团两种管理体制。奎屯、乌苏和克拉玛依不但区位邻近而且具有紧密的经济联系，已经成为天山北坡经济带中仅次于乌鲁木齐的经济发展中心；但由于历史因素，三地在行政区划上分属于不同的地州市管辖，有着复杂的行政隶属关系。乌苏与奎屯同处于伊犁哈萨克自治州，但是乌苏属于塔城地区管辖，而奎屯又是新疆生产建设兵团第七师驻地，这种行政区划的分割，造成了"各为其主"的行政壁垒，导致了经济发展的人为割裂，造成资源的浪费、经济的无序竞争，以及地方保护的形成，对三地互补优势的发挥、城市发展空间的扩张以及三地的城市一体化发展造成了巨大的障碍。

对于第二类隶属于统一行政管辖范围的城镇组群发展来说，行政壁垒阻力相对较小。例如，和墨洛一市三县都是县级行政区，都管理着一级财政，具有实体的性质。由于市情、县情各不相同，各级政府在领导组织经济发展和协调行政区之间的关系时，往往要从本县市的需求出发，规划各自的产业布局、结构调整，容易出现低水平重复建设、整合难度高、配套设施与服务不健全。

在地方经济利益的驱动下，一体化区内，各区各自为政，画地为牢，造成了区域资源的极大浪费，使一体化的整体实力难以得到有效的发挥。同时，区域没有同属一省的绝对主管行政部门来统领，加之领导决策影响较大，发展思路更换频繁，也没有绝对核心的内在城市来凝聚，因此，区域未来的发展迫切需要主管部门的统筹规划。只有在各自利益主体通过对自己利益让步、折中的方式以区域利益最大化为目标时，区域一体化进程才会加快。

二、跨区域的协调机制尚未建立，缺乏合作意识

截至2016年，区域一体化协调机制还没有建立。一是高层次的合作磋商协调机制尚未建立。尽管每个区域的高层领导也进行了双边互访和多边协商，但一直未能建立起一套正式的高层协调机制，未能就区域内的产业结构调整、基础设施建设及生态环境治理等战略性合作问题进行深入磋商并达成共识，未能在寻求有关各方利益结合点及合作切入点上取得重大突破。二是缺乏整体合作的理念和合力。长期以来，区域内各地受不同的行政区划管辖，恶性竞争严重。对如何共同争取国家对区域经济发展的支持、如何在国内外的经济活动中树立区域形象等区域性重大问题专注度不够，共荣共赢、统筹规划的整体合作理念尚未形成，因而合作的合力不足、合作步伐缓慢。三是各城镇组群在产品、生产要素、服务市场等多个层面都还不够统一；不规范竞争、各自为政的问题还比较普遍。城际班车尚未开通、电台信息合作尚未展开、出租车运营市场不统一等现象普遍存在。四是以市场机制为主，辅以政府宏观调控的合作机制有待加强。由于市场竞争，导致严重重复建设，急切需要高层政府的宏观调控。思想解放程度与跨越发展的要求不完全适应，封闭保守，墨守成规，缺乏忧患意识，重眼前、轻长远，重纵比、轻横比，常有小进即止、小富即安、小成即骄思想，谋划大事、抓落实的能力有待提高。

三、利益分配机制尚未建立，园区体制机制有待创新

从园区的隶属关系上看，园区作为一级政府的派出机构，本应对辖区实行统一领导和管理，各管委会有相应的经贸管理权限。但调查了解到在实际工作中，一是园区管委会下设机构没有审批操作权利。比如，在土地规划、环保等方面的审批事项本可由园区内设机构完成，但在投资商落户中必须报批政府职能部门，审批层级过多。二是园区不具备财政资金运作权利。园区建设的基础设施及配套设施的建设资金缺口，本可以通过园区开发建设中的合理收费筹集，走滚动发展之路来弥补，但园区设立的财政分局却没有相应的操作权限来运作。三是园区内企业所得税上缴地方政府，弥补地方财政资金不足，造成园区预留不足，自我发

展能力较弱。四是园区只能受理业务不能办理业务，无形中增加办事环节，导致入园企业手续复杂烦琐。由于管理权限不到位，许多园区管理机构在创新园区管理办法、完善投资环境、引导园区企业向新型工业化方向发展等方面障碍重重，困难不少。园区管委会快捷、高效的"一站式"服务功能难以实现，承诺服务无法落实，影响到园区投资环境的进一步优化。

目前，各城镇组群虽然相继建立了符合自己特色的工业园区，但是并没有赋予工业园区相应的行政权力，对园区管委会在责、权、利上授权不够，管理体制至今未理顺，管理权限不明确，工作职责不清，职能难以到位，事权划分不具体，利益分配机制不完善，缺乏内在动力。这使得在招商服务、园区管理的过程中，出现多个环节、多种问题，需要花费很多精力去协调，有的问题更难以解决，影响了园区的发展。例如，大多数园区均存在管委会职能不明确、管理权限不能到位、管理运行机制不够畅通和管理人员缺失等现象，因此诸如对企业的"一站式"全程办公服务等承诺很难兑现，服务功能严重缺失。此外，管委会还没有健全独立的招商机构，招商引资职能不明确，能力也有限。工作中存在招商职能重叠交叉、任务分散、职责不明、多头招商现象，收效不明显。

除此之外，工业园区政策法规不健全，无章可循，造成管理不规范。工业园区的发展必须坚持走可持续发展之路，在认真落实国家的有关政策规定的同时要结合自身的具体情况，因地制宜地制定一些具有特色的政策措施，以建立完善的政策法规体系，不断充实和完善政策法规体系，切实保持政策的稳定性和连续性，以增强投资者来工业园区投资的信心。因此，要转变观念，制定相应政策，予以导向和激励。

体制机制创新是工业园区不断获取新的发展契机和培植新的发展优势的必由之路。工业园区的体制创新，要向着"小政府，大社会"的方向发展，在管理模式上体现一个"特"字，在机构上体现一个"精"字，在运行机制上体现一个"活"字。如2011年初，经新疆维吾尔自治区党委批准，乌鲁木齐经济技术开发区与其相邻的头屯河区合二为一，实行区政合一后，拓展了园区对外开放和发展的空间，形成了集行政、经济、社会于一体，多种产业完整的综合发展区域，同时园区与政区合并开发管理有利于精简组织机构、理顺关系、扩大政策效应。"区政合一"从根本上解决了开发区发展空间不足、与周边行政区争抢经济资源、招商引资恶性竞争、社会管理交叉重叠等现象，实现了体制和机制的跨越式突破。

四、区域同构竞争激烈，产业重叠现象严重

在各自不同的发展阶段下，整个区域中出现了强烈的同构竞争。区域中的核

心城市，无论是教育、人才、科技实力，还是外资利用情况都拥有其他城市难以比拟的优势。而区域在以往的政策制定上存在着严重的趋同现象，导致各自产业结构自成体系，相互之间在资源、项目、投资等方面展开激烈的竞争，使重复投资和重复建设等现象严重。区域内各主体之间却存在着竞合关系不清、产业重叠等现象，这不利于区域一体化的发展。区域内核心城市的龙头地位或者中心城市作用并没有很好地发挥出来，而且核心城市外，其他地区经济发展水平普遍偏低，地区间的发展差距很大，由此显现出了地区间协作松懈、区域整体性运作性差等特征，造成了产业结构重叠现象严重、资源配置效率低、市场建设无序等一系列问题。

例如，克奎乌城镇组群是天山北坡经济带上的核心发展区域，是国家亚欧大陆桥的一个枢纽地区，三地产业发展各具优势：乌苏市是自治区重要的农产品生产基地，现代农业颇有竞争力；奎屯市是北疆沿线重要的交通枢纽，交通便捷，商贸餐饮、金融、物流等已成为其主导产业，商贸服务业发达；克拉玛依以石化为其主业，是世界石油石化产业的聚集区，工业基础雄厚。克奎乌城镇组群内三城市具有突出的产业互补性。但是由于体制机制的约束，克奎乌城镇组群的产业结构趋同情况十分明显，在全疆以原料工业为主的重工业大背景下，克奎乌城镇组群的产业布局与发展都以资本密集型的重化工业为基础，并不约而同地建立起许多不利于地区经济发展与资源合理配置的产业。例如，虽然目前，克奎乌区域的石油天然气原材料缺乏，但是三者都以发展石化产业为主，克拉玛依市独山子区的天利高新和天利实业、奎屯市的宝塔石化、乌苏的华泰石油化工都以发展石化加工为主，并且相互之间在石化产业链缺乏合作。此外，奎屯、乌苏、克拉玛依都在规划建设高标准的商贸物流园区，奎屯市的亚欧国际物流园区、保税物流中心，新疆北疆国际汽车机电贸易园汽贸车城，乌苏的友好集团商业综合体、北园春农产品批发市场等一批商服项目进展顺利，北园春集团、新疆三宝公司、智合物流等11家企业相继开工建设。克拉玛依市也在规划建设高标准、高起点的新区商业中心、商业物流园、汽车服务中心，玛依塔克时代广场等项目。克奎乌在定位、产业协作分工不明确，各自产业结构自成体系，产业同构严重，相互之间在资源、项目、投资等方面展开激烈的竞争，导致重复投资和重复建设，造成整个区域生态环境极端恶化，同时，又使得克奎乌三个城市间形成了经济学中的"囚徒困境"现象，结果是既严重恶化了双边的经济关系，又严重制约了克奎乌区域的整体发展。

由于市情、县情各不相同，各级政府在领导组织经济发展和协调行政区之间的关系时，往往要从本县市的需求出发，规划各自的产业布局、结构调整，容易出现低水平重复建设，整合难度高，配套设施与服务不健全。

五、生态环境状况严峻，对一体化发展提出更高要求

生态环境是区域一体化能否实现的保障，干旱区脆弱的生态环境、极低的生态环境容量，使得该地区要想突破发展瓶颈，实现跳跃式发展，必须处理好区域内各地对生态环境保护的权责利益关系，同时还要处理好人口增长、资源利用、经济发展和环境保护之间的关系。只有这样才能在干旱区绿洲环境条件下实现城市有序、可持续的发展。目前，区域环境作为共有资源，存在着"公地悲剧"的现象。

例如，乌鲁木齐都市圈处于我国典型的干旱半干旱气候区，绿洲成为人类活动和城镇发展的依托。水资源短缺、土地沙漠化的问题将始终困扰都市圈中城镇规模的扩大和经济的增长。古尔班通古特沙漠南缘的沙漠化不断向阜康市推进。目前，乌鲁木齐都市圈人口的快速增长和城市空间的扩张将面临生态可持续发展的严峻考验。如何加强市民节水意识，节约调配水资源，保持水土，阻止沙漠化，从而促进脆弱的生态环境和快速的城镇发展之间的相互适应，达到可持续发展的目的，将是一个挑战。

又如，奎独乌"金三角"区域生态环境的制约。一是区域水资源供求矛盾不断突出。"金三角"区域内主要水资源来源于奎屯河流域，奎屯河流域多年的平均水资源总量为16.88亿立方米，近年来的平均供水量为15.8亿立方米，开发利用程度已达93.6%。奎屯河流域水资源已无进一步开发的潜力。按照"金三角"区域发展预测，到2020年，"金三角"区域水资源缺水量将达到19507立方米，水资源供给矛盾愈发突出。二是"金三角"区域生态系统不断退化。在奎屯河流域上游区域，由于全球气候变暖以及区域气象变动的不确定性，奎屯河流域冰川面积加速消融。由于过度放牧，奎屯河流域山地草场出现严重过牧现象。奎屯河流域近几年山区草场超载过牧近5.5万只牲畜，致使山区草场退化，水土流失严重，山区灾害性洪水增加。三是"金三角"区域大气环境问题日益突出。"十二五"期间，随着独山子区1000万吨炼油和100万吨乙烯工程稳步运行、奎屯—独山子经济技术开发区和乌苏市石化工业园区建设，煤化工、石化、电力、钢铁、水泥、化学制品、生物制药等数十个重点工业项目落户，区域工业化深入推进，能源资源消耗持续增加，大气污染防治压力不断加大。受冬季不利扩散条件制约、工业化加速和以燃煤为主的能源消耗持续增长，加之区域工业污染防治水平低、环境管理相对落后等因素影响，奎独乌区域受冬季细粒子污染和夏季臭氧污染双重影响，以细颗粒物（PM2.5）、臭氧（O_3）以及挥发性有机物（VOCS）为特征污染物的区域性大气环境问题日益突出，恶臭投诉增多，威胁人民群众的身体健康。大气环境问题已经对"金三角"区域社会经济的可持续发

展带来巨大挑战。

总之，由于缺乏专门职能的管理机构，使得区域生态环境状况严峻，如奎独乌区域，由于重复建设石化工业、电厂等项目，整个区域生态环境极端恶化，已经作为新疆一个典型生态环境恶化的案例。由此可见，环境恶化对区域一体化发展提出了更高的要求。随着一体化的进行，产业对接、产业转移将逐步实现，这将给区域的生态发展带来巨大压力。如何确保企业在发展中节能减排、安全生产、防止生态环境进一步恶化，是区域一体化中需要时刻考虑的问题。

六、地区经济发展水平差异明显，产业对接难度大

新疆地域辽阔，各个城镇组群间差异较大，因此有必要根据实际情况将区域政策进一步细化、实化、差别化，更有针对性地解决各个城镇组群的发展问题；区域一体化协调的方式、重点、阶段也应该按照空间尺度有所不同。

区域内存在不合理的经济梯度，大城市处于绝对优势，其他城市不能很好地衔接，城乡二元结构明显，导致产业带动能力差。城镇之间政府财政收入差异较大，不利于区域一体化协调发展，大部分城镇组群显示中心城市较强、周边城镇较弱的格局，中心城市仍然处于极化阶段，竞争性较强，不利于区域的产业分工与协作。一方面是中心城市对周边地区的资源抽取导致周边城市经济发展缓慢，例如，乌鲁木齐都市圈的中心城市乌鲁木齐市的GDP占都市圈的68%，克拉玛依市的GDP占克奎乌城镇组群的76%，优质资源向中心城市过度集中；另一方面是中心城市的发展又受到周边地区的制约，周边城镇发展差距与中心城市较大，难以形成有效合作，中心城市处于工业化初级阶段向中期阶段过渡时，是区域开始合作的最好时机，这时产业结构特征开始从原材料产业向传统制造业过渡，横向配套分工开始成为主导，错过了这个时机，中心城市将出现产业结构高端化，以纵向分工为主，服务业不向制造业临近扩散特征；另外，区域合作成本也会上升，整体搬迁模式比以前的部门转移、功能转移成本要高得多。因此，这时区域合作难以单靠市场完成。乌鲁木齐服务业在空间上表现出梯度扩散而不是临近扩散，比如信息产业可能会向克拉玛依市、南疆城市一些城市扩散，区域内部没有形成有序的梯度，城市等级结构不合理，中等城市和小城市发展不足，缺少发挥"二传"作用的中间层次的城市，尚未形成完善的网络体系。地区的经济差异使得产业对接难度加大，就目前的情况看，新疆上述区域内基本没有形成配套的产业链，包括联系紧密的乌鲁木齐都市圈在内，能够为企业提供配套服务的企业不多，大部分配套的产业链主要目的是把本地区企业消灭掉。

七、资源配置的空间差异，公共服务设施供给的相对封闭

以行政区为主导的区域发展大框架，导致不同地区在区域等级上是不对等

的。在整个乌鲁木齐都市圈、库尉一体化、阿温经济联盟等发展中，一系列思维方式都是围绕着"保乌鲁木齐、保库尔勒、保阿克苏"为前提提出的，这就使整个区域出现了不均等的机会，也使资源配置出现了巨大的空间差异。此外，行政区划导致基础设施的配置和公共服务体系的供给在某种程度上相对封闭。

第四节　机遇

一、扎实的发展基础：新疆城镇化进程步伐加快

近年来，随着国家对口援疆力度的不断加大，新疆城镇化进程也步入了"快车道"，城镇布局进一步优化，城镇规划体系不断完善，人居环境得到改善，城市综合能力显著提高，综合承载力明显增强。2014 年，总人口 2298.47 万人，其中，城镇人口 1058.91 万人，乡村人口 1239.56 万人，城镇化率达到 46.07%。新疆兵团城镇化进程也快速推进，城镇化率达到 64%；目前，新疆兵团已建立一师阿拉尔市等七座"师市合一"城市，一团金银川镇等六个"团（场）镇合一"建制镇。随着新疆城镇化的稳步推进，区域中心城市的综合实力得到进一步增强，辐射带动力不断增强，区域交通基础设施建设扎实推进，城镇组群内人员、商品、资本流动日益频繁，为实现区域内中心城市与中小城镇的协同发展奠定了基础。

二、难得的战略契机：丝绸之路经济带建设深入推进

自从习近平主席倡导建设丝绸之路经济带的战略构想以来，新疆以及沿线的城镇组群迎来了前所未有的机遇。新疆出台了丝绸之路经济带核心区建设实施意见和行动计划，推动交通枢纽、商贸物流、金融、文化科教和医疗服务五大中心，十大进出口产业聚集区建设进程。喀什、霍尔果斯经济开发区，中哈霍尔果斯边境经济合作中心和口岸基础设施建设全面加快。丝绸之路经济带首先是一个"经济带"的概念，体现的是经济带上各城市集中协调发展的思路，建设丝绸之路经济带客观上要求沿线城镇加强相互联系，实现彼此的互通互融，新疆地区的主要城镇组群主要分布在丝绸之路经济带上，随着国内外丝绸之路经济带建设的衔接推进，沿线潜在的城镇组群有望异军突起，城镇组群内部发展的协调性和持续性将得到进一步增强。

三、强劲的外生动力：对口援疆工作成效显著

新一轮对口援疆突出了"造血"的援助思路，帮助提升新疆本地的核心竞

争力和可持续长远发展能力。在向新疆"输血"的同时，更加注重引导发达地区的资本、技术、人才向新疆转移。19 个对口援疆省市采取各种措施，从财税、金融、流通等方面鼓励企业来疆投资发展，安居富民、定居兴牧等民生建设深入推进，人才、科技、卫生、文化、金融援疆取得积极进展。在产业援疆政策的强力推动下，新疆资源优势转换为产业优势、经济优势成效显著，新疆经济增长的质量和效益明显提升，经济活力明显增强。援疆省市结合受援地发展需要，积极支持当地园区的建设与发展，新疆各个区域的产业集群得到进一步提升，为城镇组群的发展提供了持续动力。

四、科学的规划引领：城镇体系规划的不断完善与有效落实

自治区党委八届六次全委（扩大）会议提出，重点发展地州中心城市，放宽小城市和小城镇落户条件，增强中小城市和小城镇产业发展、公共服务、吸纳就业、人口集聚功能。同时，新疆城镇体系规划不断健全，乡镇总体规划、村庄规划编制基本实现全覆盖，其中《新疆城镇体系规划（2012～2030)》是在新疆范围内实施城乡规划管理、合理配置空间资源、优化城乡空间布局、统筹基础设施和公共设施建设的基本依据。根据这一规划，新疆将构筑"一主三副、多心多点"的中心城市布局，培育 70 个左右的小城市和县城、62 个重点镇、150 个左右的一般镇，构筑"一圈多群、三轴一带"的城镇总体空间格局，发展喀什—阿图什、伊犁河谷、库尔勒、克奎乌、阿克苏、库车、麦盖提—莎车—泽普—叶城、和田—墨玉—洛浦、阿勒泰—北屯、博乐—阿拉山口—精河、塔额盆地等绿洲城镇组群，引导人口和产业向兰新线城镇发展轴、南疆铁路城镇发展轴、喀什—和田新兴城镇发展轴上的主要城镇集聚；以点带群，由点及线，加强绿洲之间的经济社会联系。

五、重要的载体支撑：区域基础设施现代化持续强化

近年来，新疆大通道建设迈出实质性步伐，阿克苏至喀什等六条高速公路建成通车，新增里程 1588 千米，乌鲁木齐绕城高速公路建设加快，哈密至额济纳、库尔勒至格尔木等多条铁路开工建设，莎车、若羌等机场建设前期工作积极推进，哈密至郑州 ±800 千伏特高压直流输电工程竣工投运，准东至华东 ±1100 千伏特高压直流输电工程配套 1320 万千瓦装机电源项目建设规划获批。基础设施建设特别是交通干线布局的优化为实现区域中心城市与周边城镇的要素流动提供了重要载体，有助于发挥中心城市的辐射带动作用和城镇分工的进一步优化。

第六章　新疆绿洲城镇组群内部经济联系及空间差异测度

绿洲城镇组群是新疆特殊区域形成的规模相对较小的单一中心空间自组织模式。本书运用城市中心性指数、城市经济联系模型和 Theil 系数对新疆八大绿洲城镇组群内部城镇中心性、经济联系及空间差异测度。结果显示：各绿洲城镇组群内部的区域中心城市的中心性职能较强，而周边城镇的中心性职能相对较弱；绿洲城镇组群内部经济联系量和经济联系隶属度的排序一致，城镇的经济联系量和经济联系隶属度与中心城市的空间距离、自身经济发展水平有关，一般是离中心城市的距离越近，经济发展水平越高，经济联系隶属度越高；绿洲城镇组群的整体空间差异十年来一直在扩大，且呈现出继续扩大的趋势，库车、库尔勒、大喀什、伊犁河谷等城镇组群组间的差异在扩大，克奎乌、伊犁河谷、大喀什、库车、库尔勒、和墨洛等城镇群组内的差距也在扩大。

第一节　模型选择与方法

城市群作为全球城市发展的主流和趋势，也是新型城镇化的主体形态。2013年召开的中央城镇化工作会议进一步明确，把城市群作为主体形态，促进大中小城市和小城镇合理分工、功能互补、协同发展。新疆城镇受绿洲分布的影响，在空间上表现出"大分散、小集聚"的团簇状、组群式发展特点，每个较大的绿洲以一个中心城市为核心，周边分布着许多小城镇，形成了单中心的空间自组织模式的绿洲城镇组群。城镇组群是在特定的区域范围内云集相当数量的不同性质、类型和等级规模的城镇，以一个或两个城市为中心，依托一定的自然环境和交通条件，使城镇之间的内在联系不断加强，共同构成一个相对完整的城市"集合体"。城镇组群的新含义在不断产生，也没有唯一的定义。与城镇组群相近的概念主要有：城镇群体、城镇群、城市密集区、都市区、城市群和都市连绵区等，这些都是在一定范围内由多个城市构成的城市群体形态。

从国内外研究动态看，国外城市群发展的研究呈现理论与实证、定性与定量相结合的研究体系，研究内容主要包括城市群经济联系的空间结构演变和影响因素。国内城镇组群研究来源于城镇体系规划，主要集中在新疆、山西、榆林等区域，大部分研究主要集中在城市群相关研究，其中，对城市群的测度研究主要有综合发展水平测度（任勇等，2010）；城市群产业结构与分工的测度（程钰等，2012；李学鑫、苗长虹，2006）；城市群外向服务功能的测度（姜博等，2009）；基于城市联系强度与城市流的城市群空间联系（刘建朝、高素英，2013）；城市群的城市流测度（叶磊、欧向军，2012）；城市群空间集聚——碎化的测度（杨立国等，2011）；城市群功能分工的测度（赵勇、白永秀，2012）。国内外学者对城镇组群的研究相对较少，大部分主要集中于对发达地区城市群的研究，而主要针对新疆等一些特殊区域形成的规模相对小的专业型城镇组群的研究相对不足。基于此，本书对新疆绿洲城镇组群内部经济联系及空间差异测度的研究就显得尤为重要。

一、数据来源

本书的数据来自各年份的《新疆统计年鉴》。为了避免时间选择的影响和有效地把握新疆城市群准确的变动趋势，本书以五年为一个时间段，选择 2004 年、2009 年、2014 年的数据来进行相应分析。由于人均收入的数据较难获得，本书在计算时采用人均 GDP 指标代替。在数据的处理上，为了增进结论的可比性和可靠性，书中所有基础数据都按照 1978 年不变价进行了折算。

二、研究方法

第一，城市中心性是指一个城市为其以外城镇服务的相对重要性，是为周边其他地方提供中心商品与服务的综合能力，也是衡量一个城市在区域内功能地位高低的重要指标，通常由城市中心职能指数和城市中心职能强度来衡量。本书选取地区生产总值指标反映城市总体经济实力，计算出经济实力中心职能指数（K_{GDP_i}）；选取城镇人口数量反映城市的城市化水平，计算出城市化水平中心职能指数（K_{P_i}）；选取全社会固定资产投资反映城市发展经济潜力，计算出发展潜力中心职能指数（K_{m_i}）；选取全社会消费品零售总额反映城市商贸服务能力，计算出城市商贸服务中心职能指数（K_{n_i}）。城市经济实力中心职能指数的计算公式为：

$$K_{GDP_i} = \frac{GDP_i}{\frac{1}{n}\sum_{i=1}^{n} GDP_i} \tag{6-1}$$

用同样的方法可以依次计算出其他中心职能指数 K_{p_i}、K_{m_i}、K_{n_i}。然后在上述四个中心职能指数的基础上计算城市中心职能强度（K_{t_i}），公式为：

$$K_{t_i} = K_{GDP_i} + K_{p_i} + K_{m_i} + K_{n_i} \tag{6-2}$$

第二，城市间的经济联系程度通常由经济联系量和经济联系隶属度两个指标来衡量。经济联系量是用来衡量城市间经济联系强度大小的指标，既能反映经济中心城市对周围地区的辐射能力，也可以测度周边城市对经济中心辐射能力的接受程度。经济联系隶属度是指区域内城市相比其他城市对中心城市的经济联系程度。经济联系量和经济联系隶属度的计算公式分别为：

$$R_i \quad \frac{\sqrt{GDP_z \times P_z} \times \sqrt{GDP_i \times P_i}}{D_i^2} \qquad (6-3)$$

$$F_i = \frac{R_i}{\sum\limits_{i=1}^{n} R_i} \qquad (6-4)$$

　　式（6-3）、式（6-4）中，R_i 表示城市 i 与中心城市的经济联系量，F_i 表示城市 i 对中心城市的经济联系隶属度，GDP_i、GDP_z 分别表示城市 i 与中心城市 z 的地区生产总值，P_i 与 P_z 分别表示城市 i 与中心城市 z 的城镇人口，D_i 表示城市 i 与中心城市 z 之间的交通距离（最短公路里程）。

　　第三，Theil 系数及一节段嵌套分解，又称锡尔指数或锡尔熵，包括两个锡尔指数分解指标（T 和 L），两者的不同在于锡尔 T 指标以 GDP 加权，锡尔 L 指标以人口比重加权，一般研究中大多采用锡尔 T 指标，其计算公式为：

$$T = \sum_{i=1}^{n} y_i \ln \frac{y_i}{p_i} \qquad (6-5)$$

　　其中，n 为城市数量，y_i 为 i 城市 GDP 占所有城市圈中城市的份额。锡尔 T 的值域为 $[0, \ln(N)]$，T 的指标越大，就表示各城镇组群间经济发展水平差异越大；反之，锡尔 T 指标越小，就表示各城镇组群之间经济发展水平差异越小。

$$T_p = \sum_i \sum_j \left(\frac{Y_{ij}}{Y_I} \right) \ln \left(\frac{Y_{ij}/Y}{P_{ij}/P} \right) \qquad (6-6)$$

　　对锡尔指数进行一阶段分解，就可以将总体差异分解为城镇组群之间的差异和内各城市直接的差异，对于空间组织单元来说，组内项代表区域内部的不平等程度，组间项代表各区域间的不平等程度。其计算公式为：

$$T_{pi} = \sum_i \left(\frac{Y_{ij}}{Y_i} \right) \ln \left(\frac{Y_{ij}/Y_i}{P_{ij}/P_i} \right) \qquad (6-7)$$

$$T_p = \sum_i \left(\frac{Y_i}{Y} \right) T_{pi} + \sum_i \left(\frac{Y_i}{Y} \right) \ln \left(\frac{Y_i/Y}{P_i/P} \right) = \sum_i \left(\frac{Y_i}{Y} \right) T_{pi} + T_{BR} = T_{WR} + T_{BR}$$
$$(6-8)$$

　　其中，Y_{ij} 为第 i 城镇组群中第 j 城镇的 GDP 占该城镇组群所有城市 GDP 的比重，P_{ij} 为第 i 个城镇组群中第 j 城镇的人口占该城镇组群所有城镇总人口的比重。T_{WR} 为城镇组群间锡尔系数值，代表城镇组群间的经济差异，T_{BR} 为城镇组群内部各城市之间的锡尔系数值，代表城镇组群的内部差异。

第二节　测度结果分析

一、城镇组群城镇中心职能指数和强度分析

根据式（6-1）和式（6-2）的计算结果得出，新疆绿洲城镇组群的各城市中心职能强度得分如表6-1所示。从表6-1看，在八个中心城市中，城市中心职能强度指数最强的是库尔勒市，其次分别为乌鲁木齐市、喀什市、伊宁市、和田市、库车县、克拉玛依市、阿克苏市，说明新疆八大城镇组群中心城市的城市中心性水平存在很大差异，克拉玛依市、阿克苏市的中心性水平低，对周边城镇提供服务和商品的综合能力较弱、辐射带动作用小。

表6-1　新疆绿洲城镇组群城市中心职能指数和强度

城镇		经济实力中心职能指数（K_{GDP_i}）	城市化水平中心职能指数（K_{p_i}）	发展潜力中心职能指数（K_{m_i}）	商贸服务中心职能指数（K_{n_i}）	中心职能强度（K_{t_i}）	竞争性排序
乌鲁木齐都市圈	乌鲁木齐市	4.673	4.209	3.485	5.457	17.824	1
	石河子市	0.542	1.021	0.824	0.471	2.858	2
	昌吉市	0.620	0.603	0.694	0.510	2.426	3
	阜康市	0.268	0.277	0.772	0.169	1.487	4
	五家渠市	—	—	—	—	—	
	呼图壁县	0.253	0.334	0.318	0.144	1.048	6
	玛纳斯县	0.315	0.250	0.606	0.158	1.329	5
	沙湾县	0.330	0.307	0.299	0.091	1.027	7
克奎乌城镇组群	克拉玛依市	2.234	1.058	2.145	1.848	7.284	1
	奎屯市	0.321	1.099	0.447	0.73	2.597	2
	乌苏市	0.445	0.843	0.408	0.422	2.118	3
伊犁河谷城镇组群	伊宁市	2.151	2.858	2.118	2.969	10.096	1
	伊宁县	0.795	0.500	0.878	0.612	2.785	3
	霍尔果斯市	—	—	—	—	—	
	察布查尔县	0.527	0.351	0.504	0.133	1.515	4
	霍城县	1.187	1.165	1.212	0.857	4.422	2
	可克达拉市	0.341	0.125	0.288	0.43	1.183	5

续表

城镇		经济实力中心职能指数（K_{GDP_i}）	城市化水平中心职能指数（K_{P_i}）	发展潜力中心职能指数（K_{m_i}）	商贸服务中心职能指数（K_{n_i}）	中心职能强度（K_{t_i}）	竞争性排序
大喀什城镇组群	喀什市	2.899	4.310	2.341	5.621	15.170	1
	阿图什市	0.620	1.986	0.487	0.802	3.895	3
	疏勒县	1.160	0.807	2.012	0.615	4.594	2
	疏附县	0.704	0.242	0.750	0.154	1.850	6
	阿克陶县	0.371	0.334	0.590	0.284	1.580	8
	岳普湖县	0.481	0.488	0.834	0.277	2.079	5
	英吉沙	0.456	0.315	0.654	0.396	1.821	7
	伽师县	0.895	0.371	0.974	0.719	2.959	4
	乌恰县	0.282	0.146	0.358	0.132	0.919	9
库尔勒城镇组群	库尔勒市	4.679	3.740	4.320	5.184	17.922	1
	尉犁县	0.290	0.410	0.277	0.159	1.136	5
	铁门关市	—	—	—	—	—	—
	轮台县	0.431	0.476	0.476	0.357	1.740	4
	博湖县	0.151	0.211	0.151	0.222	0.735	7
	焉耆县	0.384	0.735	0.329	0.571	2.019	3
	和静县	0.868	1.155	1.210	0.360	3.594	2
	和硕县	0.197	0.273	0.236	0.147	0.853	6
库车城镇组群	库车县	2.158	2.058	2.196	1.819	8.231	1
	沙雅县	0.674	1.107	0.621	0.999	3.401	2
	新和县	0.432	0.329	0.348	0.418	1.527	4
	拜城县	0.736	0.506	0.834	0.765	2.842	3
阿克苏城镇组群	阿克苏市	1.434	2.028	1.521	2.026	7.009	1
	温宿县	0.598	0.672	0.695	0.261	2.226	3
	阿拉尔市	1.404	0.741	1.464	1.564	5.173	2
	阿瓦提县	0.564	0.559	0.320	0.149	1.592	4
和墨洛城镇组群	和田市	1.594	2.353	1.641	2.651	8.239	1
	和田县	0.762	0.422	0.791	0.339	2.313	3
	墨玉县	1.008	0.919	0.987	0.661	3.575	2
	洛浦县	0.636	0.306	0.581	0.350	1.873	4

注：五家梁、霍尔果斯、铁门关作为新成立的城市缺乏数据。

从乌鲁木齐都市圈看，乌鲁木齐市城市中心职能强度达到17.824，可以说乌鲁木齐无论是城市综合实力还是具体领域都对乌鲁木齐都市圈其他城镇具有绝对的中心性优势。石河子和昌吉的中心职能强度分别居第二、第三位，这两个城市在乌鲁木齐都市圈中居于次中心地位。玛纳斯、呼图壁、沙湾受到自然因素等限制，同时也处在城市群的边缘地区，经济实力有限，其中心职能强度相对较小。从克奎乌城镇组群看，克拉玛依在经济实力、发展潜力和商贸服务方面具有突出优势，中心职能指数达到7.284，是克奎乌城镇组群的中心城市。奎屯市、乌苏市的中心职能指数分别为第二、第三位。从伊犁河谷城镇组群看，伊宁市在经济实力、城市化水平、发展潜力、商贸服务等方面在伊犁河谷城镇组群中均处于优先地位，其中心职能指数强度最高，霍城县在城镇组群中的中心性也较为突出，其中心职能指数强度仅次于伊宁市，可以在伊犁河谷城镇组群的西部区域发挥次中心城市的作用。从大喀什城镇组群看，喀什市具有绝对的中心性优势，中心职能指数强度最高，为15.170。其次是疏勒县和阿图什市，其中心职能指数强度分别为4.594和3.895。乌恰县城市中心性在城镇组群中排名最低。从库尔勒城镇组群看，库尔勒市的各项中心职能指数在城镇组群中都居于首位，且分值十分突出，其中心职能指数强度达到了17.922，在城镇组群中的核心地位十分明显，其次是和静县、焉耆县、轮台县、尉犁县，和硕县和博湖县由于经济实力等因素城市中心性较差。从库车城镇组群看，库车县的中心职能指数强度为8.231，在库车城镇组群中居于核心地位，其次分别是沙雅县、拜城县和新和县，中心职能指数强度分别为3.401、2.842和1.527。从阿克苏城镇组群来看，阿克苏市在经济实力、城市化水平、发展潜力和商贸服务四个方面都具有突出优势，其中心职能指数强度为7.009，其次为兵团城市阿拉尔市，中心职能指数强度达到5.173。从和墨洛城镇组群看，和田市的中心职能指数强度达到8.239，其次是墨玉县、和田县，洛浦县城市中心性相对较低。

二、城镇组群城市经济联系量及经济联系隶属度测度

利用式（6-3）和式（6-4）计算新疆绿洲城镇组群内的经济联系量和经济联系隶属度（见表6-2）。从各个城镇组群的城镇与区域中心城市的经济联系量和经济联系隶属度看，经济联系量和经济联系隶属度的排序一致，乌鲁木齐都市圈的排序顺序由大到小依次为：昌吉市、阜康市、呼图县、石河子市、玛纳斯县、沙湾县。克奎乌城镇组群的排序顺序由大到小依次为：奎屯市、乌苏市。伊犁河谷城镇组群的排序顺序由大到小依次为：伊宁县、察布查尔县、霍城县、可克达拉市。大喀什城镇组群的排序顺序由大到小依次为：疏勒县、疏附县、阿图什市、阿克陶县、伽师县、英吉沙县、岳普湖县、乌恰县。库尔勒城镇组群的排

序顺序由大到小依次为：尉犁县、焉耆县、和静县、博湖县、和硕县、轮台县。库车城镇组群的排序顺序由大到小依次为：沙雅县、新和县、拜城县。阿克苏城镇组群的排序顺序由大到小依次为：温宿县、阿瓦提县、阿拉尔市。和墨洛城镇组群的排序顺序由大到小依次为：和田县、墨玉县、洛浦县。由此看出，首先，新疆绿洲城镇组群城镇之间在组群内的影响力差异明显，城镇的经济联系量和经济联系隶属度与中心城市的空间距离有很大关系，一般是离中心城市的距离越近经济联系隶属度越高，随着与中心城市距离的增加，经济联系隶属度逐步减弱。其次，与城镇组群内城镇的自身经济发展水平有关，经济发展水平越高，经济联系隶属度越高。

表6-2 新疆绿洲城镇组群中心城市与周边城镇的经济联系量和经济联系隶属度

中心城市	周边城镇	交通距离（千米）	人口（万人）	GDP（亿元）	经济联系量	经济联系隶属度
乌鲁木齐	石河子市	149.800	62.260	255.330	4.225	0.053
	昌吉市	36.600	36.760	292.130	58.171	0.726
	阜康市	60.700	16.920	126.520	9.442	0.118
	五家渠市	—	—	—	—	—
	呼图壁县	84.100	20.340	119.050	5.232	0.065
	玛纳斯县	138.600	15.230	148.660	1.863	0.023
	沙湾县	184.800	18.730	155.350	1.188	0.015
克拉玛依	奎屯市	144.300	30.150	122.580	0.459	0.541
	乌苏市	159.200	23.140	169.830	0.389	0.459
伊宁	伊宁县	20.000	9.380	60.100	5.541	0.501
	霍尔果斯市	—	—	—	—	—
	察布查尔县	20.600	6.580	39.890	3.564	0.323
	霍城县	47.400	21.840	89.770	1.840	0.166
	可克达拉市	82.800	2.340	25.770	0.106	0.010
喀什	阿图什市	45.000	26.320	34.400	1.425	0.048
	疏勒县	10.400	10.690	64.390	23.256	0.791
	疏附县	17.600	3.210	39.070	3.466	0.118
	阿克陶县	41.900	4.430	20.570	0.521	0.018
	岳普湖县	95.400	6.460	26.720	0.138	0.005
	英吉沙县	67.400	4.170	25.310	0.217	0.007
	伽师县	67.600	4.920	49.670	0.328	0.011
	乌恰县	97.400	1.940	15.650	0.056	0.002

续表

中心城市	周边城镇	交通距离（千米）	人口（万人）	GDP（亿元）	经济联系量	经济联系隶属度
	尉犁县	48.100	6.230	40.540	1.324	0.315
	铁门关市	—	—	—	—	—
	轮台县	187.300	7.230	60.250	0.115	0.027
库尔勒	博湖县	73.000	3.210	21.020	0.297	0.071
	焉耆县	63.000	11.180	53.600	1.189	0.283
	和静县	90.600	17.560	121.260	1.084	0.258
	和硕县	101.800	4.150	27.520	0.199	0.047
	沙雅县	63.90	18.550	43.880	0.486	0.465
库车	新和县	43.900	5.510	28.140	0.450	0.430
	拜城县	113.400	8.480	47.960	0.109	0.104
	温宿县	14.500	16.870	51.020	11.009	0.943
阿克苏	阿拉尔市	131.400	18.610	119.710	0.216	0.018
	阿瓦提县	67.200	14.040	48.130	0.454	0.039
	和田县	18.000	5.940	22.090	1.384	0.376
和田市	墨玉县	27.100	12.950	29.230	1.037	0.282
	洛浦县	26.800	4.310	123.260	1.256	0.342

注：五家渠、霍尔果斯、铁门关由于是新成立的城市缺乏数据。

三、城镇组群城镇经济发展差异

利用式（6-5）至式（6-8）计算出2004年、2009年、2014年新疆八大城镇组群的锡尔指数，以此反映10年间城市群差异水平的变动情况，如表6-3至表6-5所示。由表6-3可知，新疆城市群的整体差异十年来一直在扩大，且扩大速度基本保持不变。由表6-5可知，新疆城市群整体差异的扩大主要是由于城市群内部差异扩大导致的，城镇组群间的差异虽然也在不断扩大，但对整体差异的影响有限，区域趋同效应对远距离城市效果明显，而近距离趋同效应比较弱。具体到各个城镇组群，对于组间差距，由表6-4可知，大喀什、阿克苏、和墨洛、乌鲁木齐、克奎乌等城镇组群与整体平均水平间的差异在减小，而库车、库尔勒、大喀什、伊犁河谷等城镇组群与整体平均水平间的差异在扩大。对于组内差异，由表6-5可知，克奎乌、伊犁河谷、大喀什、库车、库尔勒、和墨洛等城镇群组内差距在扩大，说明这些城镇组群内部发展不均衡性增加，核心城市的辐射效应未充分发挥，与周边中心城市发展相对脱节。而阿克苏、大喀什、乌鲁木齐等城镇组群内差异在缩小，这说明阿克苏市、喀什市、乌鲁木齐市等对周边城镇的经济扩散和辐射效应显著，区域内部经济差异在不断缩小。

表6-3　新疆绿洲城镇组群总体差异

年份	2004	2009	2014
总体差异	0.26	0.35	0.45

表6-4　新疆城市群组间差异

城市群 ＼ 年份	2004	2009	2014
乌鲁木齐	-0.022	-0.031	-0.028
克奎乌	-0.020	-0.033	-0.034
伊犁河谷	0.004	0.014	0.011
大喀什	-0.006	-0.002	-0.003
库尔勒	-0.040	-0.039	-0.023
库车	-0.032	-0.011	0.000
阿克苏	-0.001	-0.013	-0.011
和墨洛	-0.023	-0.023	-0.026

表6-5　新疆城市群组内差异

城市群 ＼ 年份	2004	2009	2014
乌鲁木齐	-0.074	-0.141	-0.154
克奎乌	-0.058	-0.062	-0.056
伊犁河谷	-0.020	0.078	0.071
大喀什	0.252	0.038	0.186
库尔勒	-0.093	-0.045	-0.041
库车	-0.043	0.051	0.059
阿克苏	0.054	0.050	0.044
和墨洛	0.145	0.129	0.163

第七章 新疆城镇组群一体化程度评价

第一节 指标体系与模型选择

一、评价指标体系的构建

区域内部的一体化及区域之间的一体化水平是两个不同的维度，分别表达了区域内部一体化成熟水平以及大区域间合作机制的情况。依据主体的不同，区域经济一体化有两个层次：一是国际范围内国家之间的经济一体化；二是一国内部各地区之间的经济一体化。其本质上都是为了获取国家之间或者地区间的分工合作带来的利益，提高各个国家或地区的经济实力和竞争力。在当前中国经济发展不平衡的背景下，推进区域经济一体化是促进地区经济乃至整个国家经济协调持续发展的基础，可以有效提高地区和国家的竞争力。

区域经济一体化的基础是市场一体化。区域经济一体化实际上是根据经济的同质性和内聚性，在区域内建立统一的产品市场、生产要素市场的过程。在市场经济条件下，要保证各产品和生产要素自由流动，就必须有发育良好的市场体系和统一市场做基础，因而区域经济一体化首要的就是实现市场一体化。区域市场不统一，商品、资本与服务的流动受非市场因素制约，行政区内"计划性太强"而跨行政区的经济区域内"市场性太弱"，会制约区域经济一体化进程。制约区域经济一体化的另一个因素来自各地政府对市场的不当干预或歧视政策造成的不公平以及由此造成的体制障碍。地方政府业绩考核指标的经济导向常常导致地方保护主义、产业同构甚至地区之间的恶性竞争，因此，政府的制度创新与政策协调是影响区域经济一体化进程的另一个重要因素。在衡量区域经济一体化程度时应综合考虑市场一体化和政策一体化两个方面，以考察区域经济一体化程度的差异情况。本书参考国内学者对于区域一体化水平评价体系构建的研究，综合考量新疆城镇组群的区位优势、特色产业及工业化、城镇化水平的因素，构建了新疆城镇组群，包括市场一体化、政策一体化两个层次及 10 个二级指标的区域一体化评价指标体系（见表7－1）。

表7－1　区域一体化评价指标体系及各指标权重

目标变量	一级		二级		三级		指标
	权重	内容	权重	内容	权重	内容	内容
经济一体化	0.6	市场一体化	0.164	城市间联系度	1/4	人流	客运总量/总人口
					1/4	物流	货运总量/GDP
					1/4	信息流	银行信贷总额
					1/4	资金流	邮电电信总量
			0.145	经济发展趋同	1	经济发展水平	人均GDP
			0.144	市场化同一度	1/2	外贸依存度	贸易总额
					1/2	经济结构	工业总产值/GDP
			0.141	政府效能同一度	1	财政支出份额	财政支出/GDP
			0.203	产品市场同一度	1	居民消费价格指数	居民消费价格指数
			0.203	社会发展同一度	1	公共事业教育	教育占财政支出比重
					1	医疗卫生保障事业	医疗占财政支出比重
	0.4	政策一体化	0.0286	政府认同度	1/2	市民待遇	通信邮电车辆收费一体化
					1/2		证件的城市间认同度
			0.2205	政府规划	1/2	政府战略规划	区域合作协议成效
					1/2	产业发展规划	产业政策协调性
			0.5255	一体化效率	1/2	政府工作效率	政策透明度水平
					1/2	对话沟通机制	政府相关部门协作性
			0.2256	协作发展程度	1/3	政策环境协调机制	政策方案可行性
					1/3	利益协调机制	利益分配合理性
					1/3	文化协调发展	文化政策融合性

二、指标权重的量化

鉴于评价体系涉及的指标数量以及指标之间的内在关联性，我们采用层次分析法对其指标的权重值进行综合测量。层次分析法（Analytic Hierarchy Process）主要应用于经济决策的制定以及规划的选择等问题。研究思路为基于底层指标的重要性以及其对总指标的影响程度来归总各个指标的权重，并且基于原始数据进一步计算出目标变量的加权量值。根据层次分析法的相关要求以及专家咨询法得到的相关数据，运用MATLAB 7.0软件，本书对具体指标的权重进行了综合值估测。

三、数据来源

数据来源于新疆城市群组各主要城市，包括以乌鲁木齐为中心的乌鲁木齐城市圈、以克拉玛依为中心的克奎乌城镇组群、以伊宁市为中心的伊犁河谷城市组群、以喀什为中心的大喀什城镇组群；市场一体化的数据来源于 2014 年《新疆统计年鉴》、2014 年《兵团统计年鉴》以及各城市统计年鉴。人流、物流、资金流以及信息流分别采用区域内客运量占总人口的比重、货运量占 GDP 比重、银行信贷总额/GDP、信息量总额来衡量，经济发展水平用人均 GDP 表示，经济结构用工业产值比重表示等；政策一体化指标数据主要通过调查问卷的设计得到，基于政策一体化的指标我们设计了调查问卷，向四大地区分发 30 份问卷，调查对象主要面向各大高校研究机构、政府工作人员以及部分企业家。

四、模型选择

鉴于收集到的数据单位的差异性，尤其是定性数据，首先要对数据进行无量纲化处理。对于主观数据，将满意度等主观指标权重划分为最满意、次满意、一般满意、不满意、很不满意五个层次，采用主观数据的加权平均值，做如下定义：0.9×最满意比例 +0.7×次满意比例 +0.5×一般认同比例 +0.3×不满意比例 +0.1×很不满意比例；然后我们采用标准差值法对数据进行标准化处理，具体方法如下：

$$\theta = (V_{ij} - A_j)/S_j \qquad (7-1)$$

$$S_j = \sqrt{\sum (V_{ij} - A_j)^2/N} \qquad (7-2)$$

其中，θ 代表标准差值；V_{ij} 是指某一个地区 i 在第 j 个指标下的观测值；A_j 是这个指标的平均值；S_j 是标准差；N 为观察区中的地区总数。本书首先将数据进行标准化，然后结合评价体系的各指标权重归总各区域的一体化量值大小。

分析依照上述标准差值法将各个标准化后的指标按给定权重层层归总，最后得到经济一体化的具体量值。由于政策一体化指标数据依据问卷调查得来，具有很大的主观性，在取权重时市场一体化的权重取 0.6，而政策一体化的权重取 0.4。因此，这里得出的区域经济一体化的评价更多地由市场一体化来反映。同时，为简化计算，只有二级变量的权重通过层次分析法得出，三级变量之后各指标的权重均取平均值。另外，这里计算出的乌鲁木齐都市圈、克奎乌城镇组群、伊犁河谷城镇组群、大喀什城镇组群区域经济一体化指标量值本质上是标准差，反映的是差异程度的大小。定量指标的值越大，说明该区域内各个城市该变量的差异程度越大，反之则说明差异程度越小。以经济一体化指标为例，如果得出的量值越大，则说明该地区内各个城市经济一体化的差异程度越大，该地区经济一体化程度越低；反之，则说明该地区经济一体化程度越高。以下首先分析区域一体化的总体情况，然后分别从市场一体化和政策一体化详细分析导致区域经济一体化差异的原因。

第二节 四大城镇组群一体化程度的比较

一、四大城镇组群区域经济一体化比较

新疆四大城镇组群区域一体化程度的差异与各地区自然地理条件、资源禀赋、产业结构以及发展基础等因素有关，也是中央和自治区政府进行分权化与市场化改革、实施地区差异化政策的结果，是渐进改革、梯度开放的必然结果，还体现于各地区区域经济一体化战略实施在时间积累程度上的差异性，以及对城市集群集团式发展的资源投入存在差别。

根据上述评价体系进行数据处理，得到四大城市圈区域经济一体化的总体程度及市场一体化和政策一体化的具体结果，如表7-2、表7-3、表7-4所示。表7-2给出了四大城市组群区域经济一体化指标的值，从中可以发现，克奎乌城镇组群量值最低，为0.4304，乌鲁木齐都市圈最高，为1.014。说明乌鲁木齐都市圈各地区之间衡量经济一体化的各项指标的差异较大，即经济一体化程度最低，克奎乌城镇组群各城市间经济一体化程度在四大城镇组群中最高。

克奎乌城镇组群中的三个主要城市经济发展水平差异较小，各自有其主导产业，产业结构互补性强，市场的协调性较好，政府之间通过相互沟通统一调整市场价格，使市场协调发展，加上区域内各个城市均受益，经济发展差距较小，城市政治地位对于资源吸附的能力较低，掩盖了行政等级管理体制和GDP本位对区域内城市协调发展的阻碍。因此，克奎乌区域经济一体化程度较高。

尽管乌鲁木齐都市圈最早被提出，但区域经济一体化程度并不高，原因包括以下三个方面。首先，乌鲁木齐都市圈各城市化水平较高，没有形成序列型规模的城市结构。从城市首位度来看，城市首位度通常是一个国家或地区最大城市人口数与第二大城市人口数之间的比值。一般认为城市首位度小于2，表明结构政策、集中适当；大于2，则存在结构失衡、过度集中的趋势。据此可得乌鲁木齐都市圈城市首位度为4.73，远大于2，说明乌鲁木齐都市圈缺乏大、中城市，没有形成序列型规模的城市结构，而是出现了所谓单一支配型城市。其次，乌鲁木齐都市圈区域一体化水平低于其他三个城镇组群，主要源于区域内行政层级差别较大，造成资源集聚和发展上的数量级差距，乌鲁木齐作为新疆的首府城市，也

是新疆唯一一个特大城市，当地经济高速发展加大了地区之间的发展差距，乌鲁木齐的极化发展未带动整个乌鲁木齐都市圈的繁荣，而使区域差异加大，自身较强的集聚能力，吸附了周边县市的人才、资金，造成人才呈现单向流动，对周边城市的"虹吸效应"大于"溢出效应"，加剧了发展的不平衡，影响区域经济一体化程度。最后，由于乌鲁木齐市处于工业化发展的后期前半阶段，属于城市相对分散的发展阶段，产业开始扩散，但是这时产业主要以服务业为主，表现为邻度扩散，制造业以纵向分工为主，表现为邻近扩散，因此，区域一体化程度不高，综上所述，乌鲁木齐都市圈的经济一体化程度不高，而伊犁河谷城镇组群和大喀什城镇组群为初建的城市群，正处于起步发展阶段，因此区域经济一体化程度一般。

但根据已有研究，2012 年京津冀、长三角、珠三角区域经济一体化程度均值为 0.421，相比于京津冀、长三角、珠三角等城市圈的一体化程度，新疆城市圈区域一体化程度低于我国三大主要区域一体化示范区，说明新疆城市圈区域一体化程度整体不高，主要原因在于新疆自然资源禀赋较差，交通等基础设施不完善，信息通信网络不通达，地区产业结构不合理，经济市场不发达。

表 7 - 2　区域经济一体化程度比较

城市圈	乌鲁木齐都市圈	克奎乌城镇组群	伊犁河谷城镇组群	大喀什城镇组群
量值	1.014	0.4304	0.4664	0.4488

二、区域市场一体化比较

区域市场的分割不仅使资源和生产要素无法达到最优配置，市场机制也无法充分发挥作用。实现市场一体化是区域机构及一体化发展的一个重要内容，如表7 - 1 所示市场一体化指标综合考虑了城市间联系度、市场化同一度、社会发展同一度、政府效能同一度、市场化同一度和经济发展趋同六个二级变量，通过层次分析法最后得到一个综合反映地区市场一体化差异程度的指标值。这个值越小，表明地区内各城市市场一体化的差距越小，也就说明地区在区域市场协调发展方面做得越好。从表 7 - 3 可以看出，克奎乌城镇组群市场一体化程度最高，地区内各城市发展水平相当，市场的协调性较好，政府之间相互沟通统一调整市场价格，使市场协调发展，其次为伊犁河谷城镇组群，而乌鲁木齐都市圈市场一体化程度最低。

实现市场一体化是一个系统工程，不但要理顺交易与供求的关系，深化分工与合作，更重要的是要加强和深化政府间的合作，消除阻碍市场有效发挥作用的壁垒。市场化和各地经济发展水平、基础设施建设有很大关系。依据市场化原则，生产要素必然会集中于收益率高的地区，因此短期内，完全的市场化一定程度上会使地区经济发展的差距加大。有的地区内部为了促进本地的经济发展而对外来的商品和要素设置各种各样的障碍，人为地阻碍产品和要素的自由流通，这使市场一体化很难实现。因此，市场一体化的提升很大程度上取决于现行财税体制的改革和政府职能的转变。近年来，新疆逐渐加强区域一体化发展，建设新型城镇化的新疆，四大城镇组群市场一体化的程度均有所提高，尤其克奎乌城镇组群的市场一体化程度提升明显，主要是奎独乌区域内各个城市均受益，经济发展差距较小，城市政治地位对于资源吸附的能力较低，掩盖了行政等级管理体制和GDP本位对区域内城市协调发展的阻碍。

从市场一体化的六大内容分析，除了乌鲁木齐都市圈各城市经济发展趋同、政府效能同一度和社会发展同一度差异都较大之外，其他三个区域都是产品市场同一度最大，依次是社会发展同一度、政府效能同一度，在城市间联系度和市场化同一度方面区域内各城市差异较小。由此可见，四大区域产品市场、社会发展、政府效能方面协调不足，公共基础设施保障程度和公共服务能力的不同影响区域市场一体化发展。因此，各区域应加强公共基础设施建设，提高公共服务能力。

表 7 - 3　区域市场一体化程度比较

城市圈	乌鲁木齐都市圈	克奎乌城镇组群	伊犁河谷城镇组群	大喀什城镇组群
量值	1.462	0.443	0.4752	0.481

三、区域政策一体化比较

政策一体化是区域发展规划水平、基础设施建设以及区域合作机制的完善程度的综合体现。从表 7 - 4 来看，四个城市组群政策一体化程度都处于偏低水平，其中乌鲁木齐城市群政策一体化水平略高于其他三个城镇组群。伊犁河谷城镇组群和大喀什城镇组群政策一体化介于乌鲁木齐都市圈和克奎乌城镇组群之间。从政府层面分析，反映了乌鲁木齐都市圈一体化规划及基础配套设施略见成效。

乌鲁木齐都市圈政策一体化程度相对较高，究其原因，首先，从中国特殊的行政等级管理体制来看，行政层级的级别决定了资源配置能力的高低，因为乌鲁木齐的行政级别较高，它是新疆的首府城市，在政策制定时，很多都要倾向于它，周边城镇无论在资源配置、行政协调上都属于从属地位；其次，从各城镇组群的战略地位来看，乌鲁木齐都市圈已经上升为国家战略，乌鲁木齐都市圈的战略构想是四大城镇组群中最早经国务院批准的，因此，区域内政府协作程度较高。其余三个城镇组群是《新疆维吾尔自治区城镇体系规划（2012～2030)》和新疆"十二五"规划中需要建设培育的城市组群。

克奎乌城镇组群政策一体化程度较低，主要是由于克奎乌城镇组群协作发展程度相较其他区域，协调程度不足，而地区协调发展要求各地政府统筹规划，以合理有效地分配地区的资源达到地区整体经济的稳定增长，各地政府在规划和协作程度方面的不一致，导致注入产业趋同、无序竞争等问题，制约了整个区域经济的发展；该区域政策透明度不高，相互之间有政策限制，该城镇组群包括除地方城市外的兵团第七师共四个主体，由于分属于不同管理主体，政策制定之后往往难以实施。因此，克奎乌城镇组群政策一体化程度较低。

从政策一体化、政策认同度、政府规划、一体化效率、协作发展程度相比较，除了大喀什城镇组群的政府规划大于协作发展程度外，各区域基本上都是一体化效率的差异最大，依次是协作发展程度、政府规划、政策认同度，这说明一体化效率最低是政策一体化最低的主要原因（见表7－4）。可见，四大区域之间政府工作效率、政府相关部门协作性最差，四大区域各城市应该注重政府工作效率、相关部门之间协同水平的提高。

表7－4　区域政策一体化程度比较

城市圈	政策一体化	政策认同度	政府规划	一体化效率	协作发展程度
乌鲁木齐都市圈	0.3544	0.0142	0.0507	0.1971	0.0925
克奎乌城镇组群	0.4115	0.0150	0.0770	0.2218	0.0978
伊犁河谷城镇组群	0.3788	0.0109	0.0748	0.2092	0.08407
大喀什城镇组群	0.4004	0.0107	0.0838	0.2307	0.0752

四、基本结论及问题

本书用层次分析法以及标准差值法测度了2013年乌鲁木齐都市圈、克奎乌城镇组群、伊犁河谷城镇组群、大喀什城镇组群四大经济圈的区域经济一体化程度，主要的结论可归结为：

第一，在四大区域中，克奎乌的经济一体化程度最高，大喀什次之，伊犁河谷第三，乌鲁木齐都市圈最低。新疆"十二五"发展以来，随着区域经济一体化、新型城镇化战略的提出，四大区域间一体化的差距逐渐缩小，趋同趋势明显。区域经济一体化逐渐为各地认同，四大区域都将加强区域合作和提升一体化程度纳入发展重点，初步的成效也已显现。

第二，区域经济一体化程度主要由市场一体化程度来反映，克奎乌城镇组群市场一体化程度最高，乌鲁木齐都市圈市场一体化程度最低。乌鲁木齐都市圈市场一体化程度低的原因在于，要素分布不平衡，资金、外资和技术过多集中于乌鲁木齐市；同时，市场化程度以及政府协作方面的差异较大，最终导致地区市场一体化程度较低。

　　第三，乌鲁木齐都市圈政策一体化程度在四大城镇组群中最高，主要是因为乌鲁木齐都市圈是区域经济一体化战略的先行区。乌鲁木齐作为新疆的首府城市，行政层级的级别较高，政策制定时倾向其发展，而且内部各城市间平行竞争，一体化效率即政府交往程度和政策的透明度较高，加上政府统一规划，而其他三个区域政策一体化程度相较不高。

　　由上述结论可知，新疆区域经济一体化的战略实施还处于发展的初级阶段，四大城镇组群在一体化进程中普遍存在问题，阻碍着区域一体化进程，因此，下文针对新疆发展的特殊性和当地现状分析新疆四大城镇组群区域经济一体化进程中存在的普遍问题。

　　第一，地方行政壁垒依然存在。行政壁垒存在，使城市组群经济版图被割裂为大小不一的市场板块，制约了区域内产品、人才、企业的自由流动，使经济资源无法迸发出最大的活力。行政力量侵占市场功能，阻碍生产要素按照正常市场规律流动和配置。目前，区域合作总体上还停留在浅层次上，没有完全越过行政区划的界限进入深层次的区域合作，地方政府的利益趋向成为决定区域合作成功与否的关键因素。由此可见，在现有的经济发展条件下，地方政府还难以从根本上认识到区域长期发展的利益所在，即使认识到了长期的共同利益的束缚，但在就业、产值等一些经济指标的支配下，地方政府还难以摆脱自身利益，阻碍地区间商品和生产要素的自由流通和恶性竞争时有发生，国家经济政策落实困难，一些领域的坚冰也尚未打破，表面上有所松动，但更为隐蔽的障碍依然较大，"明开暗闭"的现象较多，尤其是一些具有较好市场前景和长期稳定收益的垄断领域，依然存在不同程度的进入壁垒。

　　第二，极化现象明显。除克奎乌城镇组群外的三大城市圈，中心城市的经济发展并未带动整个区域的繁荣，区域差异较大，使经济落后地区不仅个人收入偏低、群众生活困难，城镇建设、基础设施和基础产业的发展缓慢，而且各区域内就业机会、子女入学和社会保障差异较大。这种差异造成了人才的单向流动，即由经济不发达地区向经济发达地区流动，从而进一步加剧了发展的不平衡，使落后地区的经济发展陷入了一种恶性循环之中。伊犁河谷城镇组群和大喀什城镇组群表现尤为明显，伊宁市和喀什市消费层次高，投资效益好，导致产业过度集聚，人口大量集中，城市扩张，各类要素价格上涨，各经济部门之间在资源及要素利用方面的竞争日趋激烈，从而相互牵制等一系列经济现象，使地区经济增长速度逐渐减缓。

第三，缺乏统一协调。区内行政地位或经济实力相当的城市之间恶性竞争，存在行政隶属关系的城市之间利益冲突，无行政隶属关系的城市之间不规范竞争。一方面，恶化了彼此之间的经济关系；另一方面，这种发展模式也加剧了资源供给紧张和环境负荷加重的局面。各自为政的低水平重复建设和盲目竞争，导致区际分工弱化和产业结构趋同，反过来又引发新一轮更加激烈的竞争，造成大量的资源浪费，整体经济效益下降。

第八章　新疆城镇组群一体化
时空秩序评价

第一节　指标体系与模型选择

城市群一体化实际上是区域经济发展过程中，为打破传统城市之间的行政分割和保护主义限制，促进区域市场一体化、产业一体化、基础设施一体化，达到资源共享、统筹协作，提高区域经济整体竞争力的一种发展战略。根据绿洲城镇组群、区域中心城市概念，结合新疆城镇体系规划，选择出新疆具有典型代表的城镇组群，以乌鲁木齐市、克拉玛依市、喀什市、伊宁市、库尔勒市为中心城市，将通行时间在两小时以内的城镇划入以该中心城市为核心的城镇组群。该研究区域包括乌鲁木齐城市群的乌鲁木齐、昌吉、石河子、沙湾、玛纳斯、呼图壁、阜康、五家渠八个城镇；克奎乌城镇组群的克拉玛依、奎屯、乌苏三个城镇；伊犁河谷城镇组群的伊宁市、伊宁县、霍城县、察布查尔县四个城镇；大喀什城镇组群的喀什市、阿图什市、疏勒县、疏附县、阿克陶县、岳普湖县、英吉沙县、伽师县、乌恰县九个城镇；库尔勒城镇组群包括库尔勒市、铁门关市、尉犁县、焉耆县、博湖县、轮台县、和静县、和硕县八个城镇（见图8-1）。上述五大城镇组群在新疆经济发展水平高、人口稠密，在全疆具有典型性和代表性。

虽然新疆五大城镇组群具有一体化发展的前提条件，但城镇组群一体化是一个复杂的系统工程，各城市群中各城市联系的紧密程度和发展重点各不相同，在中心城市一体化发展过程之中，也会有难易之分。本书拟选择不同角度、不同侧面反映各城镇与中心城市之间的同城化发展指标，并赋予各基层指标权重，分类汇总，逐层递归，最后得到城镇组群各城镇与中心城市一体化发展指数。值的大小反映城镇组群各城市与中心城市同城化发展的可行性：值越大，同城化发展的可行性越大；值越小，同城化发展的可行性越小。为了建立一整套科学的评价指标体系，必须先分析影响城镇组群一体化发展的要素，并加以合理的分解，将这些构成要素整理成一种递阶层次的顺序，按照其相对重要性排序，综合判断哪些要素对城镇组群一体化发展有更大的影响力。通过选取基础性指标、协调性指标、发展性指标与规模性指标，构建城镇组群内各城市与中心城市一体化发展指数。结合各项指标的具体数值与城镇组群区域发展的实际，确定五大城镇组群内各城镇与中心一体化发展的时间顺序。

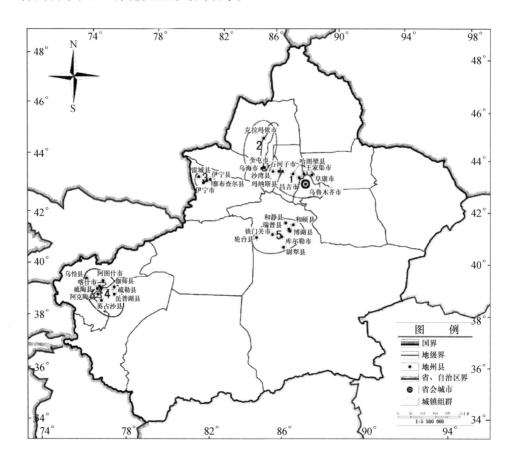

图 8 - 1　新疆五大城镇组群示意图

注：1 为乌鲁木齐城市群，2 为克奎乌城镇组群，3 为伊犁河谷城镇组群，4 为大喀什城镇组群，5 为库尔勒城镇组群。审图号：新 s（2015）072 号。

一、指标选取原则

系统性原则：既注重显性要素的影响，又强调隐性要素的作用，全面具体地反映城市群一体化发展的特征和水平，以确保评价的全面性和可信度。

可操作性原则：各评价指标含义明确，出处集中，数据资料容易获得，计算方法简明易懂。

独立性原则：各评价指标之间应尽量避免显见的包容关系，对隐含的相关关系在处理方法上尽量将其弱化、消除。

趋同性原则：所选各评价指标应呈现相同趋势化，即指标优化方向一致，以保证评价的科学性与合理性。

可比性原则：各评价指标应具有可比性，便于国内外城市群之间的比较。

动态性原则：评价指标体系应能够在一定程度上反映城市群一体化的动态发展过程，即不仅能注重静态的数值指标，而且应注意选取动态的指标来进行评价。

二、指标选择与解释

（一）基础性指标

主要选择城市化率、经济距离（反向）、经济联系强度、往返中心城市公路客运班次、信息化率等指标，重点考察经济区内各地方城市与中心城市之间的联系程度。其中经济距离由公路距离经过交通状况修正、经济落差修正得到；信息化率为固定电话、移动电话、互联网用户数占城市群比重的平均数。

（二）规模性指标

选取人口规模占城市群比重、GDP规模占城市群比重、建成区用地规模占城市群比重、规模以上工业企业总产值占城市群比重、固定资产投资占城市群比重、货运总量占城市群比重来衡量，重点考察经济区内各地方城市与中心城市同城化发展对中心城市规模的影响。

（三）发展性指标

主要选择第二产业增加值占城市群比重、第二产业和第三产业增加值占城市群比重、外国直接投资占城市群比重、普通高等学校学生数占城市群比重、各类专业技术人员数占城市群比重等指标，重点考察同城化发展对群内各城市经济发展的影响。

（四）协调性指标

主要选择城市职能分工分化程度、产业结构相似系数（反向）、区域分工指数三个指标来衡量经济区内各城市与中心城市之间在产业上的协调与互补性。其中：结构相似系数是由联合国工业发展组织提出并推荐使用的，通过计算地区产业结构的相似系数，研究两个地区产业分布的趋同程度。地区之间产业结构相似系数为0～1。相似系数越趋于1，意味着地区之间产业结构相似程度越高，当相似系数等于1时，意味着地区之间产业结构完全相同；相似系数趋于0，意味着地区之间产业结构差异程度较大，当相似系数等于0时，意味着地区之间产业结构完全不同。结构相似系数用公式可表示为：

$$S_{ij} = \frac{\sum(X_{in} \cdot X_{jn})}{\sqrt{(\sum X_{in})^2(\sum X_{jn}^2)}}, \quad 0 \le S_{ij} \le 1 \qquad (8-1)$$

式中，X_{in}表示部门n在城市i所有工业部门中所占的比例；X_{jn}表示部门n在城市j所有工业部门中所占的比例。

当$S_{ij}=1$时，说明两个区域的工业结构完全相同；当$S_{ij}=0$时，说明两个区域的工业结构完全不同。表8-1为城市群一体化发展指标体系的总结。

表8-1　城市群一体化发展的指标体系

目标层	主题层	指标层
城市群空间一体化发展指数	基础性指标	城市化率；经济距离（反向）；经济联系强度；往返中心城市公路客运班次；信息化率
	规模性指标	人口规模占城市圈比重；GDP规模占城市圈比重；建成区用地规模占城市群比重；规模以上工业企业总产值占城市群比重；固定资产投资占城市群比重；货运总量占城市群比重
	发展性指标	第二产业增加值占城市群比重；第三产业增加值占城市群比重；普通高等学校学生数占城市群比重；各类专业技术人员数占城市群比重
	协调性指标	城市智能分工分化程度；产业结构相似系数（反向）；区域分工指数

三、模型选择

（一）数据来源

指标数据基本上来源于2015年《新疆统计年鉴》，往返中心城市公路客运班次指标数据来源于新疆维吾尔自治区交通厅运输管理局。

（二）数据标准化

标准化的方法是对所有指标值进行零均值化处理，具体公式与计算过程如下：

$$均值：\bar{x} = \frac{\sum\limits_{i=1}^{n} x_i}{n} \qquad (8-2)$$

$$标准差：\delta = \sqrt{\dfrac{\sum\limits_{i=1}^{n}\left(x_i - \overline{x}\right)^2}{n}} \qquad (8-3)$$

$$标准化：X = \dfrac{x_i - \overline{x}}{\delta} \qquad (8-4)$$

（三）权重的确定

城镇组群空间一体化发展首先要具有基础与可行性，其次一体化发展的城镇之间要具有可协调性以保证一体化发展具有持续性，最后是一体化发展对区域经济要有带动性。因此，将基础性指标的权重确定为0.40，将协调性指标的权重确定为0.30，将发展性指标和规模性指标的权重分别确定为0.15。

表8-2　五大城镇组群空间一体化各项指标权重

指标	基础性指标	规模性指标	发展性指标	协调性指标
权重	0.40	0.15	0.15	0.30

（四）加权求和

按照各指标的权重进行加权求和，得出五大城镇组群同城化指标的排列顺序（见表8-3至表8-7）。

表8-3　乌鲁木齐城市群空间一体化发展指数

	基础性指标	规模性指标	发展性指标	协调性指标	加权求和
石河子	0.552	0.124	0.152	0.616	0.447
昌吉市	0.634	-0.198	-0.210	0.597	0.372
沙湾县	-0.193	-0.624	-0.477	0.189	-0.186
五家渠市	-0.030	-0.212	-0.570	-0.265	-0.209
呼图壁县	-0.557	-0.601	-0.459	0.184	-0.327
阜康市	-0.505	-0.464	-0.473	-0.592	-0.520
玛纳斯县	-0.480	-0.521	-0.463	-1.160	-0.688

表8-4　克奎乌城镇组群空间一体化发展指数

	基础性指标	规模性指标	发展性指标	协调性指标	加权求和
奎屯市	0.514	-0.243	0.010	0.000	0.171
乌苏市	-0.786	-0.383	-0.618	0.000	-0.456

表8-5 伊犁河谷城镇组群空间一体化发展指数

	基础性指标	规模性指标	发展性指标	协调性指标	加权求和
霍城县	0.092	-0.100	-0.268	0.375	0.094
伊宁县	-0.127	-0.054	-0.100	0.041	-0.062
察布查尔县	-0.370	-0.704	-0.950	-1.000	-0.696

表8-6 大喀什城镇组群空间一体化发展指数

	基础性指标	规模性指标	发展性指标	协调性指标	加权求和
阿图什市	0.406	-0.045	0.106	0.889	0.438
疏勒县	0.338	0.135	0.225	-0.942	-0.093
岳普湖县	-0.164	-0.619	-0.419	0.123	-0.184
英吉沙县	-0.362	-0.427	-0.416	0.289	-0.185
疏附县	-0.426	-0.450	-0.251	0.200	-0.216
乌恰县	0.015	-0.395	-0.627	-0.330	-0.246
阿克陶县	-0.472	-0.130	-0.393	-0.135	-0.308
伽师县	-0.312	0.028	0.112	-0.707	-0.316

表8-7 库尔勒城镇组群空间一体化发展指数

	基础性指标	规模性指标	发展性指标	协调性指标	加权求和
铁门关市	—	—	—	—	
尉犁县	0.427	0.045	0.106	-0.023	0.187
焉耆县	0.415	-0.451	-0.261	0.203	0.120
博湖县	0.462	-0.131	-0.393	-0.125	0.069
轮台县	-0.134	0.600	-0.319	0.124	0.026
和静县	-0.361	-0.306	-0.423	0.287	-0.168
和硕县	-0.372	0.024	0.132	-0.706	-0.341

第二节 新疆城镇组群一体化时空秩序评价

按照各指标的权重进行加权求和,计算结果如表8-3至表8-7所示。根据上述指标确定的城市群一体化发展的时间顺序是一个相对指标。只能反映城市群各城市与中心城市之间的一体化发展的难易程度。城市群各城市一体化在实际发展中是同时进行的。

一、乌鲁木齐都市圈一体化进程的时序结果

乌鲁木齐城市群中基础性指标中昌吉排名最前，其次为石河子、五家渠、沙湾、玛纳斯、阜康，最后为呼图壁，昌吉与呼图壁之间的差值为1.128；规模性指标中最好的是石河子，最差的为沙湾，差值为0.738；发展性指标最好的为石河子，最差的为五家渠，差值为0.711；协调性指标最好的为石河子，最差的为阜康，差距为1.208。根据综合计算结果，乌鲁木齐城市群空间一体化指标的排序分别为：石河子、昌吉、沙湾、五家渠、呼图壁、阜康、玛纳斯。

该城市群整体产业结构相似，乌鲁木齐市与石河子市、昌吉市无论规模、协调性都具有一体化发展的优势，因此，石河子市和昌吉市是乌鲁木齐市扩容的首选城市。虽然石河子的一体化指数相对较高，但是乌昌一体化有一定的基础，自治区政府一直在推行乌昌一体化，近期应重点建设乌昌一体化，远期是乌昌石一体化。虽然呼图壁和玛纳斯在整体一体化发展的时序靠后，但两个县市区域分工指数较高且产业相似系数较低，而明显的产业分工是一体化发展的基础，因此，可以考虑发展乌昌石城镇群的同时兼顾辐射发展玛纳斯和呼图壁，视为城镇组群一体化发展的边缘节点，实现产业互补。相对较远的沙湾由于产业结构相似度低，一体化指数排序在前面，但是离乌鲁木齐市的距离相对较远，区域发展动力缺乏，若将沙湾作为优先扩展区，有可能造成资源浪费，因此，建议作为乌鲁木齐城市群空间一体化后期建设扩容的城镇。最终确定乌鲁木齐城市群空间一体化指标的排序分别为：昌吉、石河子、五家渠、呼图壁、阜康、玛纳斯、沙湾。

二、克奎乌城镇组群一体化进程的时序结果

克奎乌城镇组群基础性指标中，奎屯市排名最高，乌苏排其后，两者之间的差值为1.26；规模性指标中奎屯市较乌苏市高，差距为0.1；发展性指标中奎屯发展指标较高，乌苏市发展较差，差值为0.71；两城市协调性指标值的一致，说明克拉玛依市与奎屯市、乌苏市之间在产业上的协调与互补性程度上大致相同。从基础性、规模性、发展性、协调性指标和实际情况来看，克奎乌城镇组群空间一体化指标的排序分别为奎屯、乌苏。

三、伊犁河谷城镇组群一体化进程的时序结果

伊犁河谷城镇组群的基础性指标中霍城县排名最前，其次为伊宁县，最后为察布查尔县。霍城与察布查尔县之间的差值为0.531；规模性指标中最好的是伊

宁县，最低的为察布查尔县，差值为0.76；发展性指标最好的为伊宁县，最差的为察布查尔县，差值为0.756；协调性指标最好的为霍城县，最差的为察布查尔县，差值为1.395。伊犁河谷城镇组群空间一体化指标的排序分别为：霍城县、伊宁县、察布查尔县。

由于霍城县是伊犁州重要的大县之一，与伊宁市的产业相似系数较低，产业分工相对明确，在基础性、协调性指标上比伊宁县、察布查尔县相对较高。虽然霍城县一体化指标在伊宁县、察布查尔县之前，但是伊宁县距伊宁市最近，与伊宁市的经济联系较强，在现代服务业合作领域前景广阔，与伊宁县一体化发展可以提升伊宁市主要外向服务部门的竞争力。综合分析，伊犁河谷城镇组群空间一体化指标的排序分别为：伊宁县、霍城县、察布查尔县。

四、大喀什城镇组群一体化进程的时序结果

大喀什城镇组群基础性指标中阿图什市排名最前，其次为疏勒、乌恰、岳普湖、英吉沙、伽师、疏附，最后为阿克陶，阿图什市与阿克陶县之间的差值为0.886；规模性指标中最好的为疏勒县，最差的为岳普湖县，差值为0.749；发展性指标最好的为疏勒县，最差的为乌恰县，差值为0.852；协调性指标最好的为阿图什市，最差的为疏勒县，差值为1.821。大喀什城镇组群空间一体化指标的排序分别为：阿图什市、疏勒县、英吉沙县、岳普湖县、疏附县、乌恰县、阿克陶县、伽师县。

阿图什市和疏勒县是距离中心城市喀什市最近的两个城市，无论从基础性、规模性、发展性、协调性看，都是首要一体化发展的区域，但是由于行政区划的影响，阿图什市属于克州管辖范围内，因此，建议将疏勒县作为优先扩容区域。乌恰县作为大喀什城镇组群中的口岸城市，虽然一体化时序排名较靠后，但口岸城市对城市群具有重要战略意义，短期内可能无法实现一体化发展，但要将其作为主要边缘城市进行发展。疏附县的四个指数相对较低，导致空间一体化指数排名相对较低，但是疏附县距离喀什市较近，具有空间一体化的地理邻近效应，因此，建议将疏附县作为优先扩容区域，仅次于疏勒县之后。大喀什城镇组群空间一体化指标的排序依次为：疏勒县、疏附县、阿图什市、英吉沙县、岳普湖县、乌恰县、阿克陶县、伽师县。

五、库尔勒城镇组群一体化进程的时序比较

库尔勒城镇组群一体化指标的排序依次为：尉犁县、焉耆县、博湖县、轮台县、和静县、和硕县，这与实际情况基本相符。铁门关市作为新成立的兵团城市，由于暂时数据缺乏，无法计算，但是距库尔勒仅8千米，因此，建议将铁门

关市作为库尔勒市最先扩展的区域。

　　根据公式计算确定的城镇组群空间一体化发展的时间顺序是一个相对指标，只能反映城镇组群中心城市与城镇之间的空间一体化发展的难易程度，城镇组群空间一体化在实际发展中是同时进行的。由于数据缺乏，指标体系构建相对简单，指标体系还有待进一步完善，这样计算结果会更准确。通过确定城镇组群中心城市与周边城镇空间一体化的先后次序，为重新构造新疆城镇组群空间经济格局提供借鉴参考。城镇组群一体化以区域中心城市为核心，带动近域若干城镇率先进行一体化发展，增强中心城市的辐射带动作用，消除各种行政壁垒，统一协调组织，并以交通线路和重大建设项目布局为引导，进行有序化、网络化的空间推进过程，实现整个城镇组群的一体化发展。

第九章　新疆城镇组群一体化的
总体思路

　　未来一段时期，仍是我国城市化推进的关键时期，随着户籍制度和社会保障体系的逐步完善，新增城市人口将主要向能够提供更多就业机会和生存空间的城市群集聚，城市群在区域协调发展中的地位将进一步突出，空间结构调整步伐加快，并对经社会发展、城市建设、公共服务等多方面产生巨大的需求。2011 年 3 月，国家"十二五"规划正式出台，在实施区域总体发展战略中重点突出了城市群的发展战略。在国家"十二五"规划中，提出了培育和发展西部地区 12 个城市群、东北地区 5 个城市群、中部地区 6 个城市群和东部地区 9 个城市群的发展思路，凸显了我国将走出一条城市化带动区域协调发展的特色之路。2013 年，在《国务院关于城镇化建设工作情况的报告》中，中国将把城市群作为推进城镇化的主体形态。未来中国将形成十大城市群：京津冀、长三角、珠三角、山东半岛、辽中南、中原、长江中游、海峡西岸、川渝和关中城市群。其中京津冀、长三角、珠三角三大城市群在未来 20 年仍将主导中国经济的发展。

　　"十二五"规划指出，新疆要大力推进区域协调发展，乌鲁木齐—昌吉经济区要加快推进经济一体化和城乡一体化进程；奎屯—克拉玛依—乌苏经济区统筹规划、相互协作，大力提升对全疆发展的影响力；伊宁—霍城—察布查尔经济区建设天山北坡西部经济强区、中心城市和向西开放的桥头堡；打造大喀什经济圈，带动南疆三地州及周边各具特色的小城镇发展；天山南坡产业带（库尔勒和阿克苏）着力增强对南疆乃至全疆经济的辐射带动作用。在《新疆城镇体系规划（2012~2030）》中，规划确定新疆城镇空间结构为"一圈多群、三轴一带"的空间发展总体结构，多群指的是全疆范围内建设喀什—克州、伊宁—霍尔果斯、奎屯—克拉玛依—乌苏、库车—阿克苏、麦盖提—莎车—泽普—叶城、和田—墨玉—洛浦、阿勒泰—北屯等城镇组群。因此，这七大城镇组群是新疆城镇体系的重要组成部分。在《新疆维吾尔自治区推进新型城镇化行动计划（2013~2020 年）》中，提出了乌昌一体化，培育喀什、伊宁、库尔勒为新增长极，推进全疆相对均衡发展。由于新疆城镇具有绿洲经济的特点，城镇之间距离远，城镇之间大多是戈壁、沙漠，城镇人口少，难以形成像长三角、珠三角的城市群，也就是通常国外学者所说的大都市连绵区。因此，新疆大部分地区城镇形成以中心城市为核心，以周边小城镇为依托的城镇组群，仅乌鲁木齐都市圈被国家认可，并上升为国家战略，而其他地区城镇组群规模小、城镇少，经济辐射带动能力有限，而南疆大喀什城镇群作为南疆最大的城镇组群，应该加快培育成新疆南疆重要的增长极，带动南疆区域发展。

第一节　原则

一是整体运作、资源共享。城市群产业空间体系构建是个系统工程，既要积极拓展中心城市的功能，又要充分利用周边城市的优势，尽可能做到一体化运作。因此，在产业整合、市场布局、资源共享、基础设施建设、政策制定等方面各市要顾全大局，统筹兼顾，充分体现规划的整体性和运作的一致性，从而提高城镇组群的整体竞争力。在合理分工的前提下，实现市场一体化、产业一体化、交通设施一体化、信息一体化、制度一体化、信息一体化、生态环境一体化。对教育、科技、人才、知识产权、信息、管理、旅游等资源，应重构无障碍共享机制，扩大城市间资源的开放程度，实现这些资源的互利共享；对交通、通信及其他基础设施等资源，应建立区域性直达、直通网络，最大化地实现资源利用效率。

二是优势互补、互利互惠。要充分兼顾经济体内各城市的利益，不能以牺牲一方的利益为代价。要通过经济的分工与协作，产生集聚和累积效应，实现双赢和多赢的效果，这是建立一体化产业空间体系的着眼点和出发点。即根据区内各个城市的比较优势、各方的比较利益，对区内的资源进行有效整合，实现生产要素互补，合理配置资源，搞好产业配套，形成集群效应，从而最大限度地发挥这个区域的整体优势。

三是产业优先、市场调节。在遵循城镇组群产业空间建设总体规划下，各城镇按照产业链条延伸、产业相互依存和关联的要求，主动承接中心城市辐射，积极发展与区域主导产业、支柱产业协作配套，上下游配套的相关产业。促进经济产业布局、产业结构的合理化。突出各个城镇自身的特点，发挥各自优势，发展特色产业。经济区各城镇要从区域经济整体利益出发，进一步开阔思路，注重区域性市场与国内市场、国际市场的接轨，增强大开放、大市场观念，既开放区域内市场，又对区域外开放市场，建设立足区域、面向国际国内的开放型市场。对各城市的功能定位以及分工合作，一定要坚持市场化的原则，通过市场机制的调节，实现优势互补、资源共享、互惠互利、共同发展。要在体制上、机制上和组织上实现创新，解决制约区域经济发展的体制障碍。

四是循序渐进，逐级推进。城市组群一体化是一个复杂的系统工程，城镇联系的紧密程度和发展重点各不相同，与中心城市一体化发展过程之中，也会有难易之分。应该遵循循序渐进、逐级推进的原则，推进城镇组群一体化。在一体化的空间上，以中心城市为核心，先易后难，选择重点城镇，推进与中心城市一体化，发挥示范带动作用。在一体化的内容上，首先着力于交通同环、电力同网、金融同城、信息同享和环境同治建设，然后逐步实现区域布局一体化、基础设施一体化、产业发展一体化、城乡建设一体化、市场体系一体化和社会发展一体化等。

五是创新思路，创新管理体制机制。要实现新疆八大城市组群一体化发展，必须深化改革，在体制上实现无缝对接。围绕推动生产要素跨区域合理流动和实现基本公共服务均等化，在城市组群重大改革领域先行先试，包括政府行政管理体制、户籍、土地、税收以及国有企业改革、民营经济发展、就业、职业培训和社会保障体制等方面，从实践上取得新突破。

第二节　总体思路

以新疆区城镇组群一体化的战略目标为导向，按照新疆主体功能区规划的要求，依据重大交通干线，加快构建城镇组群或者经济圈，引导人口和产业集聚发展，促进经济合理布局。近期（"十三五"时期）重点推进乌鲁木齐都市圈、克奎乌城镇组群、伊犁河谷城镇组群和大喀什城镇组群等区域一体化的发展，远期（2025年）重点进一步推进库尔勒城镇组群、库车城镇组群、阿克苏城镇组群、和墨洛城镇组群等区域一体化的发展。以新疆推进丝绸之路经济带核心区的五大中心、"三基地一通道"和十大产业集聚区的主导产业、支柱产业、特色产业的实验区、集聚区、示范区及企业为实体，以八大城市群的城镇体系为空间载体，以综合交通运输枢纽为动脉，构筑立体型发展网络，实现城市群功能全方位无缝衔接，形成新疆城市群一体化发展新格局，使八大城市群成为带动新疆地区全面崛起的核心地带和我国西部重要的经济增长极。

第三节　目标

一、近期目标

重点推进乌鲁木齐都市圈、克奎乌城镇组群、伊犁河谷城镇组群和大喀什城镇组群等四大城镇组群一体化，建成新疆和国家产业集聚与先进制造业基地，建成新疆推进城镇化进程的主体空间形态，建成新疆经济发展的增长极、战略重心区和核心区，建成对外开放合作区及先行先试区。按照创新模式、生态模式、低碳模式等基本模式，因地制宜地将新疆城镇组群建设成为创新型城镇组群、生态型城镇组群、低碳型城镇组群。加快基础设施建设，促进城镇组群交通一体化；探索建立生态补偿机制，推行碳排放和排污权交易制度，促进城镇组群生态环境保护一体化；打破行政区划的局限，促进生产要素在城镇之间自由流动，促进市场一体化建设。

（1）将乌鲁木齐都市圈打造成为新疆"十三五"时期经济发展的增长极和创新性城镇组群。将以乌昌一体化为依托，走出具有特色的新型工业化道路，构建具有创新性、开放性、融合性、集聚性和可持续发展特征的新型产业体系；将构建合理、完善的城镇体系，形成合力，发挥中心城市的集聚扩散效应，加快规划乌鲁木齐都市圈间的城际铁路，促进各个城市之间的联动发展和错位发展，增强都市圈的协同发展能力，提升都市圈的竞争力，将乌鲁木齐都市圈打造成为新疆"十三五"时期经济发展的增长极和创新性城镇组群。

（2）将克奎乌城镇组群打造成为新疆"十三五"时期天山北坡经济带区域融合发展先行示范区。培育具有国际国内竞争力的"兵地"合作、"奎（屯）—乌（苏）"合作及"奎（屯）—独（山子）"产业集群、国家级企业和知名品牌，提升区域产业的国际竞争力；大胆探索，先行先试，建立健全同城化发展的体制机制，全面推进城乡规划、基础设施、产业协作、社会事业、公共服务等同城化，在重要领域和关键环节率先取得突破，带动"金三角"区域一体化发展，为同城化发展创造新经验，使之成为天山北坡产业结构优化升级的强大引擎和北坡经济带区域融合发展的先行示范区。

（3）将伊犁河谷城镇组群打造成为新疆"十三五"时期生态型城镇组群和向西开放的桥头堡。以提升伊宁市中心城市建设为核心，以提高城镇承载力和人口聚集度为重点，积极打造伊犁河景观，将伊犁河谷城镇组群打造成为山水城镇、和谐人居的塞外江南和生态型城镇组群。以第二条亚欧大陆桥为基础，以霍尔果斯口岸、霍尔果斯经济开发区和中哈国际边境合作中心为依托，加快发展外向型经济，将伊犁河谷城镇组群打造成为向西开放的桥头堡。

（4）将大喀什城镇组群打造成为新疆"十三五"时期区域新的增长极和面向中亚合作的城镇组群。打破行政区划界线，加快建立大喀什经济圈（区），扩大喀什市规模，以喀什市为核心，整合区域优势资源，发挥区位地缘优势，利用建立喀什特殊经济开发区的机遇，依托"集群口岸"的平台和通道优势，努力提升大喀什经济圈（区）的经济地位，建立起与大喀什经济圈（区）重要战略地位相适应的空间开发格局和经济发展体系。把大喀什经济圈（区）打造成为我国扶贫开发和区域发展的政策"高地"，新疆沿边开放经济带上环境优化的投资"洼地"，南疆三地州以口岸为前沿、以通道为纽带，中亚、南亚地区国际经济合作的前沿，正在崛起的开发开放的先行区。最终将大喀什城镇组群打造成为新疆"十三五"时期区域新的增长极和面向中亚合作的城镇组群。

二、远期目标

在继续推进上述四大城镇组群一体化的基础上，进一步推进库尔勒城镇组群、库车城镇组群、阿克苏城镇组群、和墨洛城镇组群等区域一体化的发展，将库尔勒城镇组群打造成为南疆重要的现代化城镇组群，将库车城镇组群打造成为石油煤炭能源基地的城镇组群，将阿克苏城镇组群打造成为南疆生态低碳城镇组群，将和墨洛城镇组群打造成为中巴经济走廊的节点城镇组群。

第十章　新疆城镇组群一体化的对策建议

第一节　战略原则

一、因地制宜原则

经济学家缪尔达尔用"扩散效应"和"回波效应"概念，说明了经济发达地区优先发展对其他落后地区的促进作用和不利影响，提出充分发挥发达地区的带头作用。就城镇组群而言，当其处于起步阶段时，应充分发挥中心城市的极化效应，培育和壮大区域中心城市；而当城镇组群发展到一定阶段时，中心城市的资本、劳动力、技术就自然而然地向落后地区扩散，此时应有效发挥中心城市对周边城镇的辐射带动作用。据此，应该根据城镇组群的实际制定相应的政策措施，切忌"一刀切"，影响城镇组群健康发展。新疆各城镇组群的发展水平和发展阶段存在差异，相比之下，天山北坡的乌鲁木齐都市圈和克奎乌城镇组群发展较为成熟，应充分发挥乌鲁木齐和克拉玛依对周边中小城市的辐射带动作用，有序推进产业的扩散，注重培育中小城市的产业承接能力、公共服务能力和空间承载能力。与此同时，南疆的城镇组群大多处于发展的初级阶段，此时，培育中心城市是这些区域的首选任务。

二、互利共赢原则

在中心城市与周边城镇的协作过程中，应以各个城镇的比较优势为整合的根本，增强城镇间的互补效应和整合的内在动力，通过城镇间的分工与合作，实现"强强"联合共生或"强弱"互补而获得整体大于部分之和的"合成效益"。同时，应当树立共赢的合作观念，指导合作事务中的协商与确定合作模式，保证城镇间经济整合成果充分共享，以达到互利共赢的目的。

三、科学谋划原则

中心城市与周边城镇间经济优化整合目标的确定、整合方向与具体政策措施的制定等都要有严格的论证，要有很强的科学依据和超前意识，要符合区域经济、主导产业或支柱产业的长远发展规划和方向，符合产业结构调整优化的前进方向。

四、循序渐进原则

中心城市与周边城镇的协作应选择互补性强、效益显著或合作基础较好的行业或领域率先开展联合与合作。在不同行业或领域的合作中，应宜快则快，宜慢则慢，可以不同速度逐步迈进。适时稳妥地由点及面、由层面到全方位，循序渐进地推动区域经济合作向更高的层次发展。

五、可操作性原则

在推进中心城市与周边城镇协同发展的过程中，应重视整合方案、实施对策、调控措施等方面的可行性与可操作性，便于执行落实和运作的顺畅高效。区域协同发展的组织实施应当是一个可调控的过程，应建立调控机制以避免偏离互利共赢的预期目标。

第二节　路径选择

一、培育中心城市

新疆应着重推进中心城市的培育，特别在南疆地区建设一批区域中心城市，在环境可承受范围内，给予政策倾斜和资金倾斜，加快喀什、和田、库尔勒、伊宁、阿克苏等区域中心城市的建设步伐，提升中心城市对周边城镇的辐射带动能力，使之成为城镇组群的行政、金融和文化中心，使响应城镇组群成为新疆的重要增长极。

二、完善基础设施

基础设施建设是城镇组群建设的重要环节，完备的基础设施对城镇组群内部的高效联系与衔接意义重大。尤其是交通基础设施的建设，能够满足城镇发展对于各种生产要素快速流动的要求，促进区域经济活动更加流畅。应根据新疆各个城镇组群目前的发展现状、人口特点，加强城际交通基础设施建设，提高区域公共交通基础设施的覆盖度，发挥交通轴线的辐射带动效应，坚持以基础设施互联互通为先导，促进空间共构、功能共生。

三、激发要素流动

劳动力、资本、信息和技术等要素的自由有序流动是推动区域协同发展的重要力量。改革和创新城镇组群内部要素流动的体制机制，同时推动教育、医疗等公共服务的一体化，逐步缩小中心城市与周边城镇间公共服务水平的差距，为生产要素跨区域流动与城市群协调发展打下基础。

四、实现产业转接

由于城镇产业发展的基础和条件存在差异，应引导中心城市与周边城镇之间形成产业分工合理、产业布局优化的良好态势，避免大量的重复建设、资源浪费。注重产业规划引领，实现中心城市与周边城镇产业的差异化发展和融合发展。中心城市由于成本上升、交通拥挤、资本过剩，相关产业生产规模的进一步扩大将变得不经济，此时应推动这一类产业向周边城镇扩散，城镇间按照产业链的内在结构，建立合作关系，尽量避免无效竞争。中心城市可以重点突出商贸、金融等功能，周边城镇可以依托自身的区位、资源、劳动力、土地、文化传统等优势发展制造业、资源开采加工、旅游等产业。

第三节　具体策略建议

一、创新区域合作观念，树立共赢、融合与信任理念

建设区域经济一体化需要区域内各级决策者和广大建设者的共同努力，统一思想、明确目标，才能真正把区域一体化的建设落实到行动上。一是树立共赢理念，营造浓厚的诚实守信的区域文化氛围。要破除以自我为中心的"独惠其身"的思维，确立"兼济区域"的思维。只有区域内各利益主体树立开放合作的理念，才能跳出单一行政区划的圈子，摒弃传统的"内向型行政"，关注区域公共问题的治理，主动融入区域治理体系之中，扩展区域公共治理主体，实现从地方政府单一型治理到多中心的网络化治理。二是加大联合宣传和共同推介力度，形成重大决策事件和重大新闻发布事先沟通协调机制。三是要完善区域相互信任机制，建立统一的信用管理体系。信息经济学认为，达到帕累托效率最优状态的条

件是完全信息。区域经济主体的相互信任同样依赖于区域之间信息的对称性。四是进一步开展互学共建活动，扩大区域干部交流的渠道。实施区域各利益主体的领导体系的交叉任职，互派干部挂职、岗位培训，以开展支医、支教、结对帮扶等形式，有组织地支援地方经济社会建设和区域治理，走协商与合作的区域公共管理之路。

二、构建强有力的区域合作协调机制，促进区域深入合作

区域协同发展的实现有赖于协调机制的建立与有序运转，自治区可以根据各个城镇组群的实际进行顶层设计，选择区域合作的组织模式，通过构建中心城市与周边城镇政府主体间的正式或者非正式合作契约及其激励机制，改变和引导合作意愿，形成有效的区域内集体行动，优化合作模式，形成最优合作结构，降低合作的交易成本，实现新疆各城镇组群内部制度安排的"帕累托改进"。淡化行政区边界在合作中的作用，实现行政区与经济区行为主体的目标一致。一方面，需要减少各城镇政府之间的合作壁垒；另一方面，参与合作的中心城市与各城镇的地方政府在进行项目合作上建立有效可行的监督激励约束机制，明确政府合作治理的主体、客体及其相应的职能、规则等。

设立区域合作协调机构，将区域合作范畴由目前的"对话式"方式过渡到制度性安排上。一是建立党政主要领导联席会议制度。区域党政主要领导联席会议制度，由政府组织，并具有一定的行政管理职能的机构，具有权威性和执行力，通报区域经济社会发展的重要情况，对区域重大合作事宜进行协商和决策。联席会议原则上每年举行一次（或任何一方提出重大事项需要协商时召开），可轮值召开，并邀请自治区有关部门参加。在区域党政联席会议制度框架下，建立区域政府间的工作协调机制，就相关事宜进行安排和沟通，并向党政领导联席会议报告。二是建立专责小组协调推进机制。可就区域发展规划、产业发展、区域创新、基础设施、环境治理、生态保护、社会公共事务等重要事项分别组成专责小组，具体协商和落实合作事宜。三是建立非政府组织联动协调机制。充分发挥专家、企业、居民、中介组织等主体在区域合作中的作用，通过论坛、合作洽谈会等平台，共同探讨区域深层次合作问题，支持组建区域性行业协会、商会等社会团体联盟，赋予行业协会一定的管理协调职能，以减少行政对经济活动的过分干预，促进区域生产要素的合理配置和产业的调整升级。四是设立区域一体化发展与协调基金。由自治区政府或区域一体化发展协调组织引导，建立区域一体化发展与协调基金，围绕主要领导联席会确定的重大议题确立跨区域合作专项基金，用于跨区域合作重大攻关和引导资金。在区域合作中，以基金为抓手确保区域利益分享和补偿机制的实现，推进区域深层次合作。五是建立监督、约束、仲

裁机制。建议区域内合作方有权对跨区域合作项目全过程中任何有地方利益倾向的行为进行监督、质疑。将跨区域考核纳入各地区行政考核。规范和完善区域合作法律、法规，或通过相关条约，或通过规划措施引导，禁止地方政府和企业在区域内形成恶意垄断行为，逐步推进一体化进程，并制定部署缜密的政策体系。建议在区域一体化发展层面建立区域合作协调仲裁专业委员会，并制定区域发展争议仲裁条例。

三、统筹区域发展规划，引导区域向一体化整合

在自治区党委、政府的指导下，以战略思维、整体理念务实推进规划率先实现一体化，引领区域一体化可持续发展。①启动编制区域一体化发展规划，重点明确区域内的功能分区、土地利用、产业发展、基础设施建设、环境保护等，优化区域空间布局、促进产业合理分工、统筹基础设施一体化。同时，以区域一体化发展规划为指导，制定实施交通运输、生态绿地系统、河流综合整治等专项规划，联合开展区域重要战略的一体化研究。②建立规划衔接机制，加强区域国民经济和社会发展规划、主体功能区规划、城乡规划和土地利用规划等重大规划的衔接协调，实现"三规合一"，切实增强区域一体化发展的协调性和整体性。③研究建立编制区域一体化规划体系的统筹机制和方法，积极开展区域协调机制法制化的探索，逐步确立区域一体化规划体系的法律地位。④大城市控制增量，调整存量。从城市群一体化的角度来看，从更大的空间考虑大城市功能疏散的问题，存量的调整应主要放在工业上。如乌鲁木齐都市圈，应防止乌鲁木齐出现继续向昌吉"摊大饼"的现象，城市之间尽可能控制建设，如果从空间合理化来考虑，要跳到经济圈外，在更广阔纵深的空间来布局。⑤增加区域合作项目。增加合作项目的数量，扩大合作的广度和深度，既要开展政府合作、企业合作，也要开展部门或民间合作。提高合作项目的质量，必须注重其质量、品质与效益，注重合作的科技含量，实现区域经济合作的良性发展。推动合作项目的更新机制，从国家或区域发展形势出发，本着"互惠互利、优势互补、结构优化、效益优先"的原则，不断取舍或更新相应的合作项目。

四、明确城镇组群发展方向，增强区域性中心城市的辐射带动作用

根据各城镇组群的现实条件和发展阶段，并综合考虑未来城市之间经济联系的发展趋势，新疆最重要的八个经济区城镇组群应明确未来的主要发展方向。①乌鲁木齐都市圈应努力推动乌鲁木齐市与昌吉市、阜康市的同城化发展，优势互补，合作共赢。同时，吐鲁番应该积极融入乌鲁木齐都市圈建设，作为乌鲁木齐都市圈的后花园。②克奎乌城镇组群的奎屯、乌苏、独山子经济发展一体化趋

势越发明显，已成为地区重要的经济增长极，应进一步优化产业结构，推动经济转型升级。③伊犁河谷城镇组群应落实优势资源转化战略，推进农业产业化和新型工业化，大力发展特色旅游产业。④大喀什城镇组群可考虑加强区域内铁路、高速公路、信息网络建设，加快喀什经济开发区建设，加快发展外向型经济，促进经济发展。⑤阿克苏城镇组群依托石油天然气资源打造石油石化基地，建设辐射南疆、面向中亚的物流集散中心，发展粮食产业和特色林果种植加工业。⑥库尔勒城镇组群应着重发展石油化工业，将产业重心向产业链下游延伸，推进农副产品加工业，发展现代物流业和旅游业。⑦库车城镇组群在发展石油天然气化工产业的同时，要注意农业、手工业的协调发展。⑧和墨洛城镇组群应加速农村富余劳动力转移，加速农副产品加工业、能源矿产开发业、特色旅游业、民族传统加工业、现代服务业的发展。

五、协调城镇组群内的各方利益，实现产业的合理布局

各城镇组群内的中心城市和周边城镇应做好自身的功能定位，努力协调彼此之间的经济利益，有效打破行政壁垒，避免重复建设和恶性竞争，推进周边城镇接收来自中心城市的经济辐射。以乌鲁木齐都市圈为例，乌鲁木齐市作为新疆的首府，经济基础坚实，财政实力雄厚，科技人才优势明显，是全疆重要的石油化工基地、能源产业基地、制造业基地、高新技术产业基地、全疆最大的商贸中心和最重要的旅游城市，但存在有项目无空间的问题，土地资源紧缺已成为制约乌鲁木齐市可持续发展的严重问题；同时，昌吉地域辽阔，资源丰富，发展空间大，经过不断发展已形成了较为坚实的经济基础和具有一定规模的产业体系。昌吉等周边城镇应充分发挥土地等资源优势，积极承接乌鲁木齐市资金、技术、人才、项目等优势的辐射，推进形成城市群内部优势互补、产业衔接、合理分工、联动发展的新格局。

六、推进体制机制改革，构建相对完善的城市发展制度保障体系

努力消除体制和机制障碍，拓展城市发展的空间。一是发挥新疆户籍政策相对宽松的优势，进一步放宽乌鲁木齐市、伊宁市、克拉玛依市、石河子市等主要城市的落户条件，为人力资源的有序流动和合理配置提供便捷平台。二是加快改革新疆现行的土地流转制度，建立以农村权益置换城市权益的机制，推进城郊和城中乡村的城镇化。三是加快农村人口市民化，扩大社会保障的覆盖范围，加强对农村入城人口在教育、医疗、基本生活水平等方面的保障力度。四是加快推进撤地建市和撤县建市的步伐。研究并努力争取将吐鲁番地区、哈密地区、阿克苏地区改成地级市。加快推进将库车、新源、轮台、鄯善、和静、若羌等条件成熟

的县改成市。五是打破兵团、地方、油田条块分割的限制，在兵地交叉的城市，试点城市辖区设兵团城区等模式，尽快建立、制定能有效促进双方城镇化建设的协调机制，整合资源，发挥合力作用。六是进一步优化特定地区的行政区划，做大、做强区域中心城市，整合优化空间资源，便于统筹各项公共设施和服务功能，实现社会效益、经济效益与生态效益的最大化。七是加强城市之间的基础设施建设，实现政府调控、市场主导、社会广泛参与的基础设施投融资发展战略。

七、创新区域合作体制，实现利益共享

体制机制创新是区域经济协调机制发展和完善的关键。一是区域政绩评价机制的创新。目前，GDP 总量及其增长速度、财政收入及其增长速度是评价区域党政官员政绩的主要指标。新疆区域生态环境脆弱，根据国家的主体功能区划，大部分地区属于限制开发区和禁止开发区，先行的官员政绩考核指标与主体功能区划政策存在矛盾。因此，探索建立可用于党政官员政绩评价的绿色 GDP 核算体系是区域政绩评价机制的创新。推进政务公开，建立行政问责制，加快推进融合发展服务平台建设，共同搭建区域合作政务信息网，要重点针对区域融合发展，建立专项行政问责制度，把推动区域协调发展作为干部政绩的一项主要内容。二是通过增值税体制的创新，有利于鼓励乌鲁木齐、克拉玛依等大中城市调整和优化工业结构，探讨复合型财政转移支付体制的创新，建立以纵向为主，横向为辅的转移支付制度，有利于调整和优化城市结构的积极性，促进区域环境、资源补偿机制的建立，使区域污染治理和生态环境保护工作取得新的进展。三是创新利益分享机制。通过区域利益分配机制的创新，建立突破行政区划限制的利益分配机制，有利于鼓励乌鲁木齐、克拉玛依等大中城市向周边地区扩散不适合在本地发展的产业。四是建立生态和资源补偿机制。应该从国家层面建立生态补偿管理的协调机构，整合同一区域内各种生态补偿政策、资金和工程项目，避免因行政区划带来的矛盾，形成完善的、统一的生态补偿政策和机制体系。应该本着"谁治理谁得利，谁获益谁补偿"的原则，从法律层面明确补偿责任和各生态主体的义务，规范补偿资金的筹措、分配使用、监督管理等，使生态补偿机制实现规范化运作。应该从生态一体化的角度出发，在区域一体化的区域开展生态补偿机制试点研究，探索出一条能够让人们普遍认可的制度，再向全国推开。应当加大对区域一体化的地区流域生态补偿的力度，并重点考虑对矿产资源开发、水资源的补偿，对发展机会丧失的补偿，对环境成本的补偿，以及对农牧民的直接补偿。

八、因地制宜，分类推进区域一体化

依据不同区域发展的差异性和特点，因地制宜、灵活多样地开展区域合作。

建立既符合各地利益，又能根据各种客观条件和实际需要的互惠互利的灵活的多层次、多阶段混合区域合作模式，来推动区域竞合互补，为重构区域产业分工模式发挥示范作用。一是调整行政区域化模式。适当进行行政区划调整是一种简洁、快速、有效地进行产业布局的方式，根据目前新疆区域一体化的发展情况，库尉一体化、阿温经济联盟、和墨洛一体化属于在一个自治州的管辖范围内，在适当的时候可调整行政区划，将尉犁县划入库尔勒市，将温宿县划入库尔勒市，将和田县划入和田市，有利于实现统一布局产业，为城市提供更大的发展空间。二是建立领导联席会议制度。乌鲁木齐都市圈、奎独乌经济圈、大喀什经济圈、伊—霍经济圈等区域格局造成各自为政、重复建设、资源浪费的局面，必须打破行政壁垒，目前要加强对这一区域融合发展的领导，对区域发展要统一规划、统一管理，必须建立健全促进融合发展的机制，如建立领导联席会议制度、情况通报制度、重大事件协商制度、项目统筹制度等，成立负责区域融合发展的协调领导机构，负责协调融合发展的各项事宜。三是着力打造各自的城市圈。统筹协调考虑区域的空间组织，打造城市群，提高自身的实力和带动力。城市圈各城镇科学定位，合理分工，优势互补，增强各自的主体功能。推进乌鲁木齐都市圈和伊宁—霍尔果斯、库尔勒—尉犁、阿克苏—温宿、喀什—疏附—疏勒、喀什—阿图什—乌恰、和田—墨玉—洛浦等城际快速通道的建设。四是增强大城市的经济辐射带动作用。在乌鲁木齐都市圈、大喀什经济圈、伊—霍经济圈等城市功能密集、高度发达的一体化发展区域，围绕核心圈层的结构发展格局，辐射带动整个区域的发展。结合区域城市和产业发展基础，在能够引领区域发展的优势区域重点推动若干次中心发展，以此促进周边城市和产业空间的整合，形成一体化发展的高度城市化区域，成为核心城市以外区域整体发展的关键支撑。依托区域性交通通道和走廊的建设，形成中心与外围地区的主要辐射走廊，增强核心、次中心和外围区域的联系，形成区域联动和整合发展的支撑。五是建立多中心、自主治理合作机制。从短期来看，可适度调整行政区划，但是从长期来看，在经济全球化背景下，如果不转变政府职能，轻言行政区划调整，只能在解决旧有的区域经济一体化与行政区划冲突的基础上，滋生出新一轮更加激烈的区域经济一体化与行政区划的冲突；只有加快政府职能转变，发挥市场机制资源配置的基础性作用，主要依赖不同行政区、不同层级政府之间的民主协商，扩大非政府组织参与，形成多中心、自主治理的合作机制，才能推动而不是阻碍区域经济一体化。

第二篇　新疆绿洲城镇组群一体化发展案例研究

第十一章　克奎乌城镇组群产业协同发展研究

第一节　"奎独乌"区域经济、社会、空间发展现状

一、发展模式分析

"奎独乌"地区即奎屯、乌苏和克拉玛依市独山子区。该区域内自然资源丰富，开发历史较长，经济基础较为雄厚，产业、技术、资金密度相对新疆其他地区都较高。奎屯、乌苏和独山子三地不但区位邻近，而且具有较为紧密的经济联系，是北疆铁路沿线的一个重要发展区域。

（一）已有的发展轨迹

奎屯、独山子、乌苏构成的三角地带，是仅次于乌鲁木齐的新疆第二经济发展中心，被称为北疆地区的"奎独乌"。三地区域相连，资源互动，生产要素聚集，产业发展互为补充。在这一区域内，拥有年炼油 600 万吨、乙烯 22 万吨的现代化石化企业，形成 20 万锭棉纺能力的棉纺企业，是新疆主要的农牧区和粮油棉基地，被誉为中华第一棉的"锦"牌棉花就盛产在该区域。这一地带是新疆第一产业、第二产业、第三产业比较发达和集中的区域，是天山北坡绿洲带上的核心发展区域，是国家亚欧大陆桥经济带的重要组成部分。

奎屯市是伊犁哈萨克自治州的直辖市和副中心城市，在"奎独乌"中行政等级规模高，同时又是农七师师部所在地。经过几十年的建设，奎屯市发生了历史性的变化，城市经济总量发生了质的飞跃，经济结构更趋合理，经济运行态势平稳，正逐步进入高速度、快增长的新发展阶段。已初步形成了以电力、纺织、化工、建材、食品、制糖、酿酒、番茄制酱为主体的工业体系。

独山子为克拉玛依市下辖的一个区，是我国石油工业的发祥地之一，是集炼油、化工和炼化工程建设、检测维修一体化的我国西部重要的石油化工基地，被列为全国八大石化基地之一。独山子石油开采始于 1897 年，1909 年打出第一口

工业化油井。1936年，新疆政府与苏联政府达成协议，联合成立独山子炼油厂，开始开发独山子油田，与甘肃玉门、陕西延长并称为"中国现代石油工业的摇篮"。2016年独山子石化工业固定资产原值达到150多亿元，拥有60多套主体装置，具备年600万吨原油一次加工能力、年600万吨配套加工能力和年22万吨乙烯生产能力。呈现出第二产业"一元独进"的产业结构构成特征，处于加速工业化的阶段。

乌苏是一个以农为主、农牧结合的大市，是自治区重要的商品粮、棉、畜基地之一，是"奎独乌"地区农副产品的主要供应地，发达的农业为城市的发展提供了充足的工业原料和生活资料。

（二）已有的发展模式

"奎独乌"区域是农垦开发与石油开发并举进行的。奎屯市的优势产业主要是建筑业和第三产业，尤其是交通运输、仓储和邮政业。独山子的优势产业主要是第二产业中的石油工业。乌苏市的第一产业发展的优势十分明显，此外，第二产业中的建筑业和第三产业中的批发与贸易零售业的发展具备一定的优势。

在"奎独乌"地区，奎屯是北疆铁路沿线重要的交通枢纽，独山子是新兴的工业基地，乌苏是大型的农产品产区，三地产业发展各具优势，具有突出的产业互补优势。由于三地都位于同一块绿洲，因此具有相似的自然条件和资源禀赋，除矿藏资源分布的差异外，农业自然资源十分相似，资源的同质性在一定程度上导致三地产业结构趋同，低水平重复，并在一定程度上削弱了区域间贸易水平，不利于经济发展。

二、经济社会发展的基础支撑和优势资源条件

（一）经济社会发展基础

1. 经济发展现状

2013年，"奎独乌"生产总值达到383.21亿元，与2010年相比，生产总值增长了51.69%，占全疆国内生产总值的4.5%，其中，奎屯市全年实现地区生产总值126.45亿元，比上年增长17%；乌苏市实现地区生产总值143.3亿元，比上年增长18.1%；独山子区实现地区生产总值113.75亿元，比上年增长1.9%。"奎独乌"区域的经济增长有了较快提升。

2013年，"奎独乌"固定资产投资181.97亿元，其中，奎屯市全年完成固定资产投资115.1亿元，比上年增长14.7%；乌苏市全年完成固定资产投资72.08亿元，比上年增长20.3%；独山子区全年完成固定资产投资19.67亿元，比上年增长52.2%。

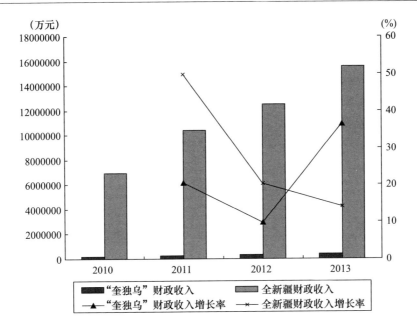

图 11 - 1 "奎独乌"、新疆财政收入情况分析

2013 年,"奎独乌"实现财政总收入 41. 29 亿元,增长 36. 42% (见图 11 - 1),财政总支出 57. 9 亿元,增长 20. 82% 。

2. 城镇化发展现状

"奎独乌"的城镇体系是由三个规模相仿的县级市(区)及其周围的 10 个镇组成的城市集群。按城镇人口划分,"奎独乌"形成三级城镇等级结构,奎屯市和乌苏市处于城镇等级中的第三级小城市,独山子城镇人口没有超过 10 万,处于大镇的级别,10 个镇属于中小镇。2013 年,"奎独乌"城镇化率分别为 96. 36% 、97. 6% 、35. 18% (见表 11 - 1),奎屯市和独山子区城镇化率远高于全疆和全国平均水平,而乌苏为农业大县,下设 7 个乡和 10 个镇,城镇化水平低于全疆平均水平(见表 11 - 2)。

表 11 - 1 "奎独乌"城镇化率对比表 单位:%

地区＼年份	2010	2011	2012	2013
奎屯市	96. 02	96. 68	96. 38	96. 36
乌苏市	28. 26	35. 20	35. 39	35. 18
独山子区	97. 6	97. 6	97. 6	97. 6
新疆	43. 01	43. 54	43. 98	44. 5
全国	47. 5	51. 27	52. 57	53. 7

表 11 - 2　"奎独乌"管辖范围对比表

地区	街道办（个）	镇（个）	乡（个）	总人口数（万人）
奎屯市	5	0	1	15.67
乌苏市	5	10	7	22.89
独山子区	3	0	0	8.24
"奎独乌"	13	10	8	46.8

3. 外向型经济发展现状

2013 年，"奎独乌"区域进出口总额 160446 万美元（见表 11 - 3），主要进口商品为原油、皮棉、化工产品、农机等，主要出口商品为番茄酱、棉纱、蜂蜜、皮棉、甜味品和新型材料等，进出口目的地为乌兹别克斯坦、哈萨克斯坦等中亚国家。

表 11 - 3　"奎独乌"进出口情况对比表

地区	进出口额（万美元）	进出口额（万元）	GDP（万元）	对 GDP 贡献率（%）
奎屯市	11000	68125.20	1264458	5.39
乌苏市	71600	443433.12	1137500	38.98
独山子区	77846	482115.85	1430169	33.71
"奎独乌"	160446	993674.17	3832127	25.93
新疆	2756191	17069642.10	85100000	20.06

4. 社会发展现状

人民生活。2012 年，"奎独乌"区城镇居民人均可支配收入 18414.33 元，农牧民人均纯收入 12208.67 元，实现社会消费品零售总额 649650 万元。城乡居民生活水平高于全疆平均水平。

就业和社会保障工作。2012 年，"奎独乌"区实现再就业 7446 人。城乡最低生活保障制度不断健全，医疗保险制度改革稳步推进。2012 年末，"奎独乌"经济区参加养老保险人数达 886904 人，参加医疗保险人数 108148 人，参加失业保险人数 66201 人。

2013 年末，"奎独乌"全区共有科技人员数 32931 人，万人拥有专业技术人员 690 人。其中，奎屯市各类专业技术人员数 11367 人，中级技术职称以上人员 5965 人；独山子石化公司 2013 年末职工人数 12732 人，各类专业技术人员 3003 人。全疆 2013 年末科技人员数 446213 人，"奎独乌"地区科技人员数占全疆的 7.4%。表 11 - 4 为"奎独乌"三地科技情况对比表。

表 11 - 4 "奎独乌"三地科技情况对比表

地区	R&D（万元）	专利申请量（件）	专利批准量（件）	发明（件）	自治区级以上科技项目（个）
奎屯市	3751	155	132	19	17
乌苏市	3609	103	62	13	25
独山子区	1162	30	10	8	9

　　文化建设。2012 年末，奎屯市文化艺术中心基本建成，拥有电影放映单位 2 个，艺术表演团体 1 个；广播、电视节目综合人口覆盖率和有线电视入户率分别为 96%、98% 和 98%。独山子区拥有文化广场 5 个，举办广场文化 156 次，社区业余文体团 24 个，增长 4.35%；文化体育场馆 20 个；年度文物保护单位 5 个，年度文化遗产 10 个，其中物质文化遗产 5 个，非物质文化遗产 5 个。图书馆藏书 34.6 万册，接待读者 3 万人，借阅书刊 8142 册，办理阅览证 2597 个。邮政局全年订阅报纸 252 万份、杂志 23 万册。独山子区文化馆被命名为国家一级文化馆。表 11 - 5 为"奎独乌"文化设施及活动情况表。

表 11 - 5 "奎独乌"文化设施及活动情况表

地区	图书馆（个）	图书馆藏书（册）	科技馆（个）	文化广场（个）	体育馆（个）	文化遗产（个）	文化馆（个）
奎屯市	1	70 千	1	8	1	1	1
乌苏市	1	120 千	0	6	0	3	1
独山子区	1	34.6 万	1	5	1	10	1

　　5. 基础设施建设

　　投资与建筑业。全社会固定资产完成投资 206.85 亿元，其中，奎屯市固定资产投资 115.1 亿元，独山子区固定资产投资 19.67 亿元，乌苏市固定资产投资 72.08 亿元（见表 11 - 6）。

表 11 - 6 "奎独乌"区域内固定资产投资情况表　　　　单位：亿元

地区	固定资产投资	第一产业投资	第二产业投资	第三产业投资	房地产开发投资
奎屯市	115.1	0.8	69.7	44.6	17.6
独山子	19.67	——	——	——	——
乌苏市	72.08	4.5	31.45	36.14	9.62
"奎独乌"	206.85	——	——	——	——

城市交通。区域内公路纵横交错，四通八达，奎屯到乌苏和独山子都有城际主干道相连接，"奎独乌"区域内部形成半小时交通圈。

教育设施。"奎独乌"区域共有大中专院校 2 所，普通中学 41 所，普通小学 31 所，特殊教育水平逐步提高，区域内 90% 以上的学校教育硬件设施全部标准化，包含塑胶跑道的建设。表 11 – 7 为"奎独乌"城市教育基本情况统计。

表 11 – 7 "奎独乌"城市教育基本情况统计

奎屯市	学校个数（个）	在校人数（人）	教师（人）
中等学校	2	428	2228
普通中学	13	19066	
小学	14	12485	
乌苏市	学校个数（个）	在校人数（人）	教师（人）
中等学校	1	555	
普通中学	26	13235	3204
小学	14	16529	
独山子区	学校个数（个）	在校人数（人）	教师（人）
中专学校	1	4424	245
普通中学	2	2934	274
小学	4	4656	416

卫生设施。"奎独乌"地区医疗中心、社区卫生服务中心和社区卫生服务站三级医疗体系逐步健全，医务人员专业素质逐步提高。2013 年末"奎独乌"区域共有医院 17 家，社会卫生服务中心 9 家，社区卫生服务站 15 个，疾病预防控制中心 3 个，乡镇卫生院 22 个，新型农村医疗参合人数 121622 人次。

（二）优势条件

1. 政策环境优势

2012 年，国务院批复的《天山北坡经济带发展规划》，涵盖了"奎独乌"区域"三地四方"，标志着"奎独乌"区域融入新疆发展的核心区域。这个新大陆桥沿线区域是新疆最重要的城镇与产业聚集区，也是国家实施丝绸之路经济带战略的重要通道。

2013 年 9 月，国家主席习近平在出访中亚四国时，以宏大的国际视野确定了一个中国向欧亚内陆开放的新的战略方向——共建丝绸之路经济带。这是中国在

21 世纪推动丝绸之路复兴的具体行动，是一种国际上的"创新合作模式"，它包含三方面的重要内容：一是建设国际间区域要素互联互通的网络通道；二是深化更高层次的多边（国）经济合作、人文友好交往，及建设与维护区域共同安全利益的合作机制；三是实现跨区域国际经济一体化的全面发展——建设国家间合作的自由贸易区。国家丝绸之路经济带战略的实施为"奎独乌"区域发展提供了广阔的政策环境空间、改革创新空间。

2. 区位及交通优势

"奎独乌"区域位于新疆西北部，与哈萨克斯坦相距不远，紧邻新疆沿边开放的伊宁、塔城、博乐三个边境城市和霍尔果斯、阿拉山口、巴克图三个陆路口岸，是第二条亚欧大陆桥（连云港—鹿特丹）的交通咽喉，地缘优势明显，具有发展外向型经济的有利条件。

"奎独乌"区域是新疆南北疆重要的铁路、公路交通枢纽，位于经济相对发达的乌鲁木齐地区和经济相对落后的南北疆地区之间，为沟通先进城市提供便利条件，是带动南北疆欠发达地区的一个最有力的支撑点，使"奎独乌"区域客观上具备区域中心城市的战略地位。

乌鲁木齐—阿拉山口铁路沿线（天山北坡经济带）是新疆重要的综合经济开发带，是新疆经济的轴心及未来经济发展的走廊，"奎独乌"区域处于这一地带的中部核心区，是新疆经济的主要增长极。图 11 - 2 为"奎独乌"区域交通优势图。

3. 工业基础优势

独山子是我国石油与石化工业发源地之一，早在 20 世纪 30 年代石油与石化工业就开始起步，80 多年来石化工业持续稳步发展（石油开采已转移到克拉玛依），形成健全的集输油、输气管网体系，及较为完整的石油炼制、石化加工、下游产品加工等石化工业体系，随着独山子千万吨炼油、百万吨乙烯工程的建成投产，独山子已成为中国西部最大的石油石化生产和加工基地，独山子石化公司是我国最大的石化企业之一，对区域工业发展的引领作用十分明显。

同时，农七师长久以来注重发展轻纺工业，乌苏注重发展农副产品加工业，区域逐渐形成棉花加工、纺织、服装、食品加工等一系列轻工业产业，具有较好的发展基础。

4. 商贸、物流、金融等服务产业优势

"奎独乌"区域是北疆铁路和公路的交通枢纽，有北疆最大的铁路客运站和货运列车编组站，成为重要的人流、货流和资金聚集地，商贸、物流、金融等服务产业优势明显。

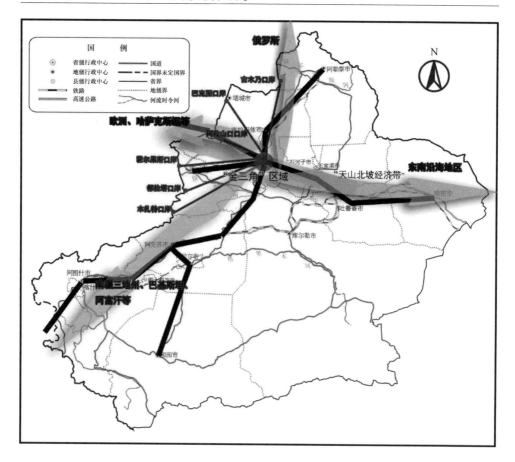

图 11 – 2 "奎独乌"区域交通优势示意图

物流。"奎独乌"地区拥有数个物流园区及国家原油储备基地，是新疆重要的原油、石油产品、石化产品、煤炭、建材、棉花和棉纱、纺织品、粮食及其他农副产品集散地。

商贸服务业。"奎独乌"地区拥有十几个大型购物中心及百货、家居、建材、汽车、五金等专业市场，市场辐射北疆北部、西部地区，市场交易活跃。

金融业。2013 年，"奎独乌"地区保险公司各项保费收入 9.81 亿元，其中，财险收入 4.77 亿元，人身险收入 5.04 亿元，各项保险赔款及给付 4.19 亿元。

旅游酒店餐饮服务业。"奎独乌"地区拥有几十家星级酒店及大型餐饮企业，以及众多的中小宾馆、酒店，旅客接待能力十分强大，能够满足不同层次的需求。

社会消费品零售总额。2013 年，"奎独乌"地区社会消费品零售总额实现 504068 万元（见图 11 –3），人均达到 31670.63 元，远远大于新疆平均水平。

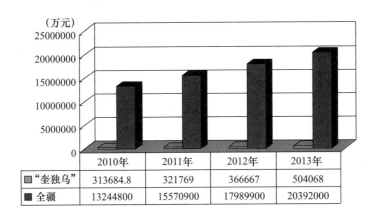

（万元）	2010年	2011年	2012年	2013年
"奎独乌"	313684.8	321769	366667	504068
全疆	13244800	15570900	17989900	20392000

图 11 –3　2010～2013 年社会消费品零售总额对比

5. 石化产品的重要集散地

2009 年建成的中亚原油管道（末站为独山子）及西气东输二线天然气管道，年引进中亚原油 1000 万吨、天然气 300 亿立方米，为区域石油化工产业提供了可靠的资源保障。油气化工龙头独山子石化公司一次炼油加工能力 1600 万吨，乙烯生产能力 122 万吨；每年生产汽油、柴油、煤油以及聚乙烯、聚丙烯、苯乙烯、聚苯乙烯、丁苯橡胶、SBS、环氧乙烷/乙二醇、顺丁橡胶等石油石化产品上千万吨（其中聚乙烯、聚丙烯、聚苯乙烯、丁苯橡胶、SBS、顺丁橡胶等固体原料就达 270 万吨），是我国石油、石化产品的重要集散地之一。

6. 科技人才优势

"奎独乌"区域产业工人、科技人员的比例相对较高，万人拥有专业技术数达 690 人，超过全国的平均水平；独山子区形成了门类齐全的石化科研体系，拥有一大批石化技术人员及产业工人，石化工业的总体技术水平处于国内领先水平；奎屯市在商贸服务、物流、金融信息等领域拥有较多人才，乌苏、农七师在农业、农副产品加工业等方面拥有较高的科技水平和人才优势。

三、产业发展现状

（一）产业布局现状

"奎独乌"区域第二产业占比较大，工业体系主要以石油化工、机械制造、棉纺加工、建材加工等为主；农业主要以种植业和畜牧业为主，其中种植业中粮食、棉花种植占主要地位；第三产业内部结构中，以物流运输业和批发零售业为主，金融服务业发展迅速，文化产业以及高端服务业占比较小，还处于起步阶段。

（二）产业发展现状

1. 产业结构分析

2013 年"奎独乌"区域三次产业结构为 19.16:57.78:23.06。其中奎屯市为 5.4:53.35:41.24，乌苏市为 29.69:52.82:17.49，独山子区为 0.7:87.68:11.62，农七师的三次产业比例为 37.59:38.20:24.20（见图 11-4），奎屯市的三次产业比例最为合理，乌苏市的农业产值最高，所占国民经济的比重最大，独山子区以石油化工为主。

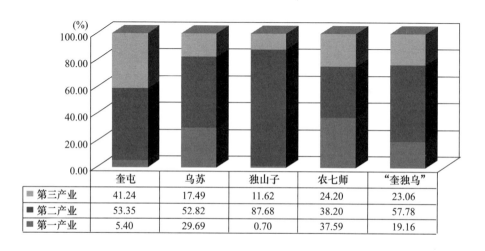

(%)	奎屯	乌苏	独山子	农七师	"奎独乌"
▦ 第三产业	41.24	17.49	11.62	24.20	23.06
■ 第二产业	53.35	52.82	87.68	38.20	57.78
■ 第一产业	5.40	29.69	0.70	37.59	19.16

图 11-4　2013 年"奎独乌"区域各地区三次产业结构比例

2008~2013 年，"奎独乌"区域三次产业产值不断增大，第三产业增长速度大于第一、第二产业的增长速度。产业结构不断优化，第一产业占 GDP 的比重有减小的趋势，第二产业、第三产业占 GDP 的比重不断增大（见图 11-5）。其中，乌苏市主要以农业生产和经营为主；独山子区以石油化工业加工为主；奎屯市以物流业、金融服务业、商贸服务业、邮政业、铁路、信息业为支撑向周边地区提供服务，以天北新区房地产业为支撑，推动团场人口向奎屯市集聚，为奎屯市发展提供资金，吸附资源。

2. 工业内部结构

从工业增加值构成看，"奎独乌"区域居于前几位的行业主要集中在石油加工、炼焦及核燃料加工业，化学原料及化学制品制造业（见表 11-8）。说明"奎独乌"区域石油加工业占较大优势，交通运输设备制造业远远落后于乌鲁木齐都市圈和乌鲁木齐市，资源能耗低、环境污染小、附加值高的先进制造业尚处于起步阶段。

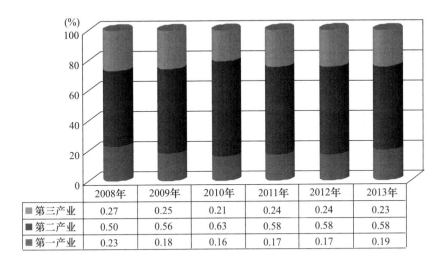

(%)	2008年	2009年	2010年	2011年	2012年	2013年
■第三产业	0.27	0.25	0.21	0.24	0.24	0.23
■第二产业	0.50	0.56	0.63	0.58	0.58	0.58
■第一产业	0.23	0.18	0.16	0.17	0.17	0.19

图 11－5　2008～2013 年"奎独乌"区域三次产业结构

表 11－8　"奎独乌"地区及乌鲁木齐都市圈工业相对新疆的区位熵

	乌鲁木齐都市圈	奎独乌地区	奎屯	乌鲁木齐
农副食品加工业	1.11	0.18	1.41	0.58
食品制造业	0.91	0.16	1.44	0.34
纺织业	0.83	0.61	5.57	0.66
皮革、皮毛、羽绒及制品业	0.06	0.02	0.17	—
造纸及纸品业	1.29	0.14	1.68	0.42
石油加工、炼焦及核燃料加工业	0.97	3.52	0.01	1.17
化学原料及化学制品制造业	1.68	1.85	0.37	1.27
塑料制品业	1.65	0.26	1.21	1.03
交通运输设备制造业	2.59	0.01	—	3.26
通信设备、计算机及其他电子设备制造业	1.81	0.12	—	3.58
电力、燃气及水的生产和供应业	0.87	0.26	2.37	1.17

3. 第三产业内部结构

"奎独乌"区域中，奎屯市传统服务业如交通运输、仓储和邮政业、批发和零售业、社会福利等占据绝对优势，金融保险、文化娱乐、咨询等新兴服务部门逐步兴起，现代服务业已经具备一定基础，发展前景广阔。奎屯应升级其第三产业，发挥现代服务业的聚集优势，吸引更多的周边地区人口，加速城市化进程。乌苏市和独山子区服务业发展仍处于起步阶段，服务业发展水平落后于奎屯市。

四、发展阶段判断

参照钱纳里划分经济发展阶段的标准，依据人均收入增长面发生的结构转变将经济发展阶段划分为：初级产品生产、传统经济向工业化过渡、工业化初级、工业化中级、工业化高级、全面工业化、发达经济初级和发达经济高级阶段，其标准如表 11 - 9 所示。

表 11 - 9 区域经济发展阶段

发展阶段	产业结构		综合水平	人均 GDP（美元）
	三次产业比重	主导产业		
初级产品生产	一 > 二 > 三	农业	0.0 ~ 0.15	> 530
传统经济向工业化过渡	一 > 二 > 三	农业、简单工业	0.15 ~ 0.20	530 ~ 1200
工业化初级	二 > 一 > 三	纺织、食品、采矿	0.20 ~ 0.30	1200 ~ 2400
工业化中级			0.30 ~ 0.40	2400 ~ 4800
工业化高级			0.40 ~ 0.50	4800 ~ 9000
全面工业化	三 > 二 > 一	电力、化学、机电、高新技术等	0.50 ~ 0.65	9000 ~ 16600
发达经济初级		高新技术产业	0.65 ~ 0.85	16600 ~ 25000
发达经济高级	三 > 二 > 一	高新技术产业	0.85 ~ 1.00	> 25000

注："一"代表"第一产业"，"二"代表"第二产业"，"三"代表"第三产业"。

经济水平处于什么阶段，应综合发展经济学的有关理论，不仅要考虑经济增长和人均 GDP 等指标，还应考察经济发展加速度、经济结构、空间结构、城市化水平等，运用总量和结构特征标准综合判断经济发展阶段，其评级指标体系如表 11 - 10 所示。

表 11 - 10 "奎独乌"区域经济发展阶段评价指标体系

子系统	具体指标	子系统	具体指标
经济总量	GDP	区域空间结构	城市化水平
	固定资产投资 工业总产值		建成区面积比重
			人均邮电业务量
	财政收入		旅客周转量
经济结构	第一产业占 GDP 的比重		货物周转量
	农业占 GDP 的比重		公路网密度
	工业占 GDP 的比重		铁路网密度
	第三产业占 GDP 的比重	资源配置力	人均 GDP
	第一产业就业人员比重		工业经济效益
	私营和个体从业人员比重	开放水平	出口贸易依存度
经济增长力	GDP 年均增长速度		外商投资企业总额
	财政收入年均增长速度	福利水平	每万人医生数
	农民人均纯收入年均增长速度		养老保险人口比重
	城镇在岗职工年均工资		人均住房建筑面积
创新水平	每万人高等学校在校学生数		
	专利申请受理数		

2013 年，新疆人均生产总值 37181 元，"奎独乌"人均生产总值为 80338 元。其中，奎屯市为 81196 元，乌苏市为 61928 元，独山子区为 126388 元。按照 1998 年的可比价计算，新疆、"奎独乌"、奎屯市、乌苏市和独山子区的人均生产总值分别为 2944.3 美元、6361.9 美元、6429.8 美元、4904 美元、10008.6 美元。

运用因子分析计算出新疆、"奎独乌"区域、奎屯市、乌苏市和独山子区的经济发展阶段综合水平分别为 0.21、0.37、0.38、0.19 和 0.48。

结合人均 GDP、产业结构、经济发展阶段综合水平，依据表 11 - 11 的判断标准，得出"奎独乌"区域和奎屯市处于工业化中级阶段，独山子区处于工业化高级阶段，乌苏市和新疆处于传统经济向工业化过渡阶段。"奎独乌"区域经济发展阶段高于新疆。

表 11 - 11　"奎独乌"区域经济发展阶段评价结果

地区	产业结构	综合水平	人均 GDP（美元）	发展阶段
奎屯	二 > 三 > 一	0.38	6429.8	工业化中级
独山子	二 > 三 > 一	0.48	10008.6	工业化高级
乌苏	二 > 一 > 三	0.19	4904	传统经济向工业化过渡
奎独乌	二 > 三 > 一	0.37	6361.9	工业化中级
新疆	二 > 三 > 一	0.21	2944.3	传统经济向工业化过渡

注："一"代表"第一产业"，"二"代表"第二产业"，"三"代表"第三产业"。

五、发展地位分析

（一）经济密度比较

2013 年，"奎独乌"经济密度为 240.2 万元/平方千米（乌苏市面积按 14393.94 平方千米计算），新疆经济密度为 51.3 万元/平方千米，奎屯市经济密度为 1139.3 万元/平方千米，"奎独乌"区域经济密度是新疆经济密度的 4.7 倍。

（二）人均 GDP 比较

按常住人口计算，2013 年"奎独乌"区域人均生产总值达到 80338 元，其中，奎屯市人均生产总值 81196 元，乌苏市人均生产总值 61928 元，独山子区人均生产总值 126388 元。与全疆人均生产总值相比，2010 年以来，均高于全疆水平，2013 年"奎独乌"区域人均生产总值是全疆人均生产总值的 2.12 倍（见图 11 - 6）。

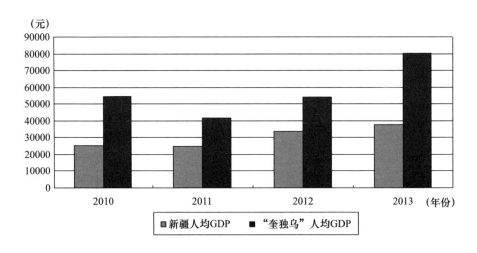

图 11 - 6　全疆人均 GDP 与"奎独乌"区域人均 GDP 对比分析

（三）生产总值增长率比较

"奎独乌"区域 2010～2013 年 GDP 增长率高于全疆和全国水平，经济发展处于全自治区先进水平（见表 11－12）。

表 11－12 2010～2013 年全国、新疆和"奎独乌"区域 GDP 及增长率对比

年份	生产总值（亿元）			生产总值增长率（%）		
	"奎独乌"区域	新疆	全国	"奎独乌"区域	新疆	全国
2010	252.63	5437	401513	0.43	0.27	0.18
2011	256.16	6610	473104	0.01	0.22	0.18
2012	333.74	7505	518942	0.30	0.14	0.10
2013	383.21	8510	568845	0.15	0.13	0.10

图 11－7 为 2010～2013 年"奎独乌"区域 GDP 总量及增速状况。

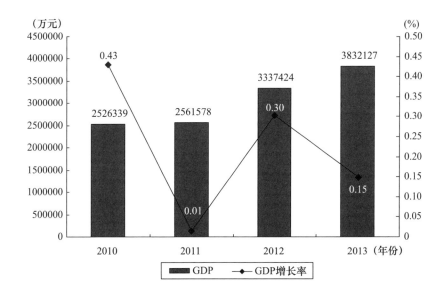

图 11－7 2010～2013 年"奎独乌"区域 GDP 总量及增速

（四）天山北坡经济带比较

2013 年，天山北坡经济带实现地区生产总值 5803.52 亿元，占自治区国内生产总值的 69.4%，"奎独乌"区域地区生产总值占天山北坡经济带的 6.6%，比上年提高了 0.2 个百分点（见图 11－8）。

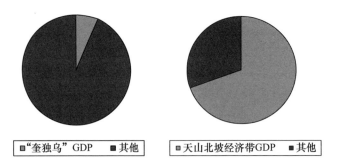

"奎独乌"GDP ■其他   ■天山北坡经济带GDP ■其他

图 11 - 8 2013 年天山北坡经济带各产业集聚人均 GDP

图 11 - 9 为 2010 ~ 2013 年"奎独乌"地区第三产业增加值情况。

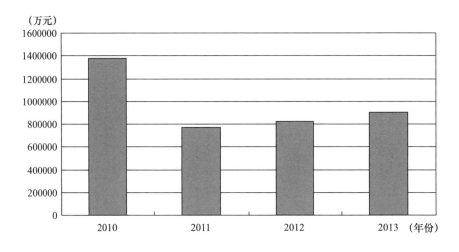

图 11 - 9 2010 ~ 2013 年"奎独乌"地区第三产业增加值

以石河子为中心的石（石河子）—玛（玛纳斯）—沙（沙湾）经济区人均生产总值 63259.55 元，乌（乌鲁木齐）—昌（昌吉）经济区人均生产总值 70113.02 元，"奎独乌"区域人均生产总值 80338 元，排名第一。

六、综合评价

乌苏有百万亩良田，得天独厚的农牧业优势，同时农产品加工业已形成相当大的规模；奎屯依托北疆铁路最大的编组站，商贸物流业已形成规模；独山子是全国最大的石化基地之一；"奎独乌"已形成了农、商、工互为犄角，三足鼎立的发展态势。

综合分析奎屯、独山子以及乌苏各方的优势，在交通上，奎屯、乌苏具有一定发展优势，这为"奎独乌"地区商贸经济发展提供了良好的发展条件；在地域空间方面，奎屯与独山子、乌苏紧密相连，具有地域上的聚合性，随着经济的发展，三处有围绕奎屯市现代服务业一体化的趋势和可能；在产业方面，三地产业结构各有优劣势，在"奎独乌"内部正好具有良好的互补性，有利于区域经济一体化的发展。

　　"奎独乌"区域第二产业占比较大，奎屯市的产业结构最为合理，乌苏的农业占据主导地位，独山子的工业发展处于领先水平。第二产业主要以石油、化工加工业为主，资源能耗低、环境污染小、附加值高的先进制造业尚处于起步阶段；服务业发展主要以传统服务业为主，现代服务业发展水平相对滞后。

　　从经济辐射和联系强度来看，奎屯市的产业结构相对稳定与合理，内部经济的联系和完善程度最高，对北疆区域的经济辐射和带动作用最强，尤其是现代服务业等第三产业的带动力明显。独山子区具有明显的石油化工等工业化特色，独山子区在石油化工产业方面对北疆经济的发展和带动作用强于乌苏市和奎屯市。乌苏市的第一产业产值很高，农业和农业机械加工业的辐射和带动作用较强。

第二节　"奎独乌"城镇协同发展的困境和难题

　　"奎独乌"区域经济活跃，已能够主导区域经济乃至跨区域经济发展。但是作为一种重要的城市空间组织形式，它仍然存在着行政区划分割造成的区域经济联系松散、产业分工不合理、生态环境治理缺乏整体性等问题。

一、体制机制约束，各自为政现象严重

　　"奎独乌"区域融合经济的发展受到行政级别、行政区划、财政分配、人事调动等体制机制的制约。由于体制机制约束，尤其是受考核指标体系的制约，地方政府依然存在封闭式发展思维，各自为政，为"争夺地方经济利益"，政府之间在制定政策时，并没有把区域协调发展作为行动的最终目的考虑，这使得区域一体化的最终目标仍要受制于各自的行政目标。奎屯、乌苏、独山子所形成的"金三角"区域，分别隶属于伊犁州、塔城地区和克拉玛依市，行政区划管理层级较复杂。而这种行政隶属关系，造成了"各为其主"的行政壁垒，使该区域内条块分割、利益冲突等矛盾较明显，相互争项目、争资源，阻碍了资源的优化配置，影响了规模经济、集聚效益的发挥，形成相互掣肘的局面。同时，由于没有同属区域的绝对主管行政部门来统领，加之领导决策影响较大，发展思路更换

频繁，区域可持续发展难以为继。

二、产业布局混乱，重复投资和建设十分严峻

由于体制机制的约束，"奎独乌"区域的产业结构趋同情况十分明显，在全疆以原料工业为主的重工业大背景下，"奎独乌"区域的产业布局与发展是以资本密集型的重化工业为基础，并不约而同地建立起许多不利于地区经济发展与资源合理配置的产业。例如，虽然目前奎独乌区域石油天然气原材料缺乏，但是三地不约而同地以发展石化产业为主，独山子的天利高新和天利实业、奎屯市的宝塔石化、乌苏的华泰石油化工都以发展石化加工为主，并且相互之间在石化产业链上缺乏合作。此外，奎屯、乌苏、独山子都在规划建设高标准的商贸物流园区，奎屯市的亚欧国际物流园区、保税物流中心、新疆北疆国际汽车机电贸易园汽贸车城；乌苏的友好集团商业综合体、北园春农产品批发市场等一批商贸服务项目进展顺利，北园春集团、新疆三宝公司、智合物流等11家企业相继开工建设；独山子也在高标准、高起点地规划建设新区商业中心、商业物流园、汽车服务中心，玛依塔克时代广场项目、汽车服务中心项目也在积极建设中。"奎独乌"在定位、产业协作分工不明确，各自产业自成体系，存在严重的产业同构，相互之间在资源、项目、投资等方面展开激烈的竞争，导致重复投资和重复建设，造成整个区域生态环境极端恶化。同时，"奎独乌"三个城市间形成了经济学中的"囚徒困境"现象，结果是既恶化了三边的经济关系，也严重制约了"奎独乌"区域的整体发展。

三、跨区域的协调机制尚未建立，缺乏合作意识

到目前为止，"奎独乌"区域一体化协调机制还没有建立。一是高层次的合作磋商协调机制还没有建立。尽管"奎独乌"区域三方的高层领导进行了双边互访和多边协商，但一直未能建立起一套正式的高层协调机制，未能就区域内的产业结构调整、基础设施建设及生态环境治理等战略性合作问题进行深入磋商并达成共识，未能在寻求有关各方利益结合点及合作切入点上取得重大突破。二是缺乏整体合作的理念和合力。长期以来，三个地方受不同的行政区划管辖，存在恶性竞争严重。三地对如何共同争取国家对区域经济发展的支持、如何在国内外的经济活动中树立"奎独乌"区域形象等区域性重大问题专注度不够，共建共赢、统筹规划的整体合作理念尚未形成，因而合作的合力不足、步伐缓慢。三是三地在产品、生产要素、服务市场等多个层面不够统一。不规范竞争、各自为政的问题还比较普遍。城际班车尚未开通，电台信息合作尚未展开，出租车运营市场不统一等问题尚未解决。四是以市场机制为主，辅以政府宏观调控的合作机制

有待加强。由于市场竞争，导致严重重复建设，急切需要高层政府的宏观调控。

四、区域中心城市功能弱化，辐射带动作用不强

近年来，乌苏、独山子经济社会快速发展，都以建设成为"奎独乌"区域中心城市的目标，导致奎屯市的区域中心城市地位产生弱化的趋势。奎屯虽然是"奎独乌"地区经济发展的核心城市，但近几年，奎屯经济发展速度开始下滑，近四年奎屯市 GDP 增速的平均值为 20.39%，低于独山子、乌苏市的发展速度，经济发展对"奎独乌"的带动以及对周边的辐射带动作用不足。

五、经济区与行政区范围不一致

奎屯、乌苏、独山子三地政府在组织各自经济发展活动时，运用管理权和决策权对市场进行干预，在某种程度上背离了客观的经济发展规律，存在如三地较为突出的产业同构现象、公共基础设施重复建设等方面的问题。但三地在经过长期的发展之后已经成为天山北坡经济带一个极具活力的经济区，这就造成了该地区行政区与经济区非整体重合现象的存在。在一个经济区内存在多个相对独立的行政区利益主体，则会使经济发展表现出低效性和脆弱性、对外部环境变动的适应能力较弱、自组织能力较低，对区域整体协同发展造成极大制约。

兵、地、油三元结构的存在，给"奎独乌"区域协调发展带来了诸多问题：三元结构的管理体制和经济结构的存在，使得兵团、中央、地方三者的利益协调问题突出，这为区域内部的专业化分工与协作设置了很大的一个体制上的障碍；兵团、中央直属企业、地方等体制的多样化很大程度上制约着城市群体经济的融合发展，因此如何协调好兵、地、油三者的关系将直接关系到区域的协调发展。

六、央企和地方企业的问题

石油化工产业长期支撑着该区域的发展，地方石油产业的原材料受制于人，严重地制约了地方产业的聚集，虽然战略明确，但落实资源的"博弈"却十分激烈，从而导致了一些产业的变形。中央石化企业的超强竞争力，使得地方经济结构中相关产业发展缓慢，石化企业经济与地方经济无法完全协调。例如，在与独山子区共建石化工业园区的合作中，奎屯市的产业定位与发展形成与中石油的市场竞争的态势。园区内仅仅维持一种合作形式，而奎屯市又始终处于行业竞争的劣势地位。在地方与央企体制主导下，如何处理好与中石油的合作关系，并能在市场竞争博弈中寻找产业发展出路，是一个亟须解决的矛盾与问题。

第三节　超排放产能测算

碳排放量的精确核算是一项世界性难题，由于温室气体的流动性和城市系统的开放性，城市尺度的碳排放量核算更为复杂。考虑到"奎独乌"区域发展的实际情况，工业活动的碳排放贡献大于其他经济社会活动，以及现有统计口径没有清晰划分产业生产能源消耗、人类生活能源消耗数据。因此，本书的碳排放计算方法采用以"奎独乌"区域工业产品产量推出产业综合能源消耗，最终按照国家发改委能源研究所对单位标准煤碳排放系数，最终求得"奎独乌"区域工业碳排放总量。《国家应对气候变化规划 2014～2020》要求我国对单位国内生产总值二氧化碳排放比 2005 年下降 40%～45%。

一、"奎独乌"区域工业综合能源消耗

（一）基于"奎独乌"区域工业产品的社会综合能源消耗

按照 IPCC 第四次评估报告，二氧化碳是最重要的人为温室气体，而全球二氧化碳浓度的增加主要是由于煤、石油和天然气等化石能源的使用。而"奎独乌"区域正是以煤化工、石化、电力、钢铁、水泥、化学制品、生物制药等为主的产业结构。根据发改委提供的 2005 年投产项目调查表以及 2006 年奎屯市、乌苏市、独山子区、第七师统计年鉴得出，2005 年，奎屯市发电量 36000 万千瓦时，钢材 12794 吨，塑料制品 7916 吨，纺纱 10114 吨；乌苏市发电量 12905 万千瓦时，水泥 3.7 万吨，纺纱 4680 吨；独山子区原油加工 4188141 吨，乙烯加工 261418 吨，塑料制品 398121 吨。第七师发电量 49663 万千瓦时，塑料制品 12361 吨，纺纱 26662 吨，硫酸 15017 吨（见表 11－13）。根据我国 25 大类行业重点用能产品的单位产品用能指标总结如下：

表 11－13　2005 年"奎独乌"区域工业产品种类以及产量

类别	单位	奎屯市	乌苏市	独山子	第七师	合计
发电量	万千瓦时	36000	12905	—	49663	98568
水泥	万吨	—	3.7	—	—	3.7
钢材	吨	12794	—	—	—	12794
原油加工	吨	—	—	4188141	—	4188141
乙烯	吨	—	—	261418	—	261418
塑料制品	吨	7916	—	398121	12361	418398
纺纱	吨	10114	4680	—	26662	41456
硫酸	吨	—	—	—	15017	15017

某区域工业综合能源消耗 $= \sum_{i=1}^{n} \sum_{j=1}^{m} P_{ij} \times C_{ij}$　　　　　　（11 – 1）

其中，i 表示工业产品的类型，j 表示工业产品，P 和 C 分别表示单位产品的产量和综合能源消耗量。

表 11 – 14 为我国重点耗能行业产品能源消耗定额表。

表 11 – 14　我国重点耗能行业产品能源消耗定额表

行业	计算单位	用能指标
电力行业	克标准煤/千瓦时	480
原油冶炼	千克标准煤/吨	90
乙烯	千克标准煤/吨	1100
纺织行业	千克标准煤/吨	550
塑料制品行业	千克标准煤/吨	200
水泥行业	千克标准煤/吨	130
钢材行业	千克标准煤/吨	1950

得出"奎独乌"区域工业综合能源消耗量为 1827284（TCE）（见表 11 – 15）。

表 11 – 15　2005 年"奎独乌"区域工业综合能源消耗

类别	单位	奎屯市	乌苏市	独山子	第七师	合计
综合能耗	TCE	224724.9	384462	883459	334638	1827284

（二）"奎独乌"区域碳排放总量以及单位工业生产总值的二氧化碳排放比计算

世界各国对单位标准煤的二氧化碳排放值有着不同的计算标准。美国能源部能源信息数参考值为 0.69（单位：吨碳/吨标准煤（TC/TCE）），日本能源经济研究所参考推荐值为 0.68（TC/TCE），我国国家发改委能源研究所推荐取值为 0.67（TC/TCE）。本书在计算碳排放总量时依据的是国家发改委能源研究所推荐值 0.67（TC/TCE）。

区域碳排放总量 ＝工业综合能源消耗×标准煤碳排放值　　　　（11 – 2）

其中，标准煤碳排放值采用国家发改委能源研究所推荐值 0.67（TC/TCE）。

计算出"奎独乌"区域工业碳排放总量为 1224280.2 万吨（见表 11 – 16）。

表 11 – 16　2005 年"奎独乌"区域碳排放值

指标	奎屯市	乌苏市	独山子区	第七师	合计
工业综合能源消耗（TCE）	224724.9	384462	883459	334638	1827284
排放值	0.67	0.67	0.67	0.67	0.67
碳排放总量（万吨）	150565.68	257589.54	591917.56	224207.46	1224280.2

表 11 – 17 为 2005 年"奎独乌"区域单位工业生产总值二氧化碳排放比。

表 11 – 17　2005 年"奎独乌"区域单位工业生产总值二氧化碳排放比

指标	奎屯市	乌苏市	独山子区	第七师
碳排放总量（万吨）	150565.683	257589.54	591917.557	224207.46
生产总值（万元）	138346	96350	183525	75357
2005 年单位工业生产总值排放比	1.09	2.67	3.23	2.98

二、减排量测算步骤

根据《国家应对气候变化规划 2014～2020》中对碳排放的规定：我国到 2020 年，控制温室气体排放行动目标全面完成。单位国内生产总值二氧化碳排放比 2005 年下降 40%～45%。

2020 年二氧化碳减排量 =（2005 年单位工业生产总值二氧化碳排放比 – 45%）×2005 年二氧化碳排放量　　　　　　　　　　　　（11 – 3）

2020 年标准煤减排量 = 2020 年二氧化碳减排量/标准煤碳排放值　　（11 – 4）

其中，标准煤碳排放值采用国家发改委能源研究所推荐值 0.67（TC/TCE）。

得出 2020 年"奎独乌"区域二氧化碳减排量、标准煤减少量（见表 11 – 18）。

表 11 – 18　2020 年"奎独乌"区域减排量以及缩减产能标准煤

指标	奎屯市	乌苏市	独山子区	第七师
2005 年单位工业生产总值排放比	1.09	2.67	3.23	2.98
二氧化碳减排量百分比	0.45	0.45	0.45	0.45
2020 年单位工业生产总值排放比	0.64	2.22	2.78	2.53
二氧化碳减排量（万吨）	67754.56	115915.29	266362.90	100893.36
标准煤减排量（吨）	101126.21	173007.90	397556.57	150587.10

三、结论

（一）现状产能的超排放情况

2012 年，社会综合能源消耗总量 654.67 万吨标煤，其中独山子区占 48.85%，农七师占 24.45%，乌苏市占 23.17%，奎屯市占 3.53%。2005 ~ 2012 年，"奎独乌"区域煤耗量增长 471.94 万吨，产业需求能源主要以煤炭资源为主。2012 年，"奎独乌"区域碳排放总量为 438.62 万吨，严重超出现有大气的环境承载能力。

（二）未来基于减排标准应控制的产能规模

根据《国家应对气候变化规划 2014 ~ 2020》中对碳排放的规定：我国到 2020 年，控制温室气体排放行动目标全面完成。单位国内生产总值二氧化碳排放比 2005 年下降 40% ~ 45%。到 2020 年，奎独乌区域二氧化碳减排量为 550926.1 吨，其中奎屯市二氧化碳减排量为 67754.56 吨，乌苏市二氧化碳减排量为 115915.29 吨，独山子区二氧化碳减排量为 266362.90 吨，第七师二氧化碳减排量为 100893.36 吨。到 2020 年，奎独乌区域产能缩减 822277.77 吨标准煤，其中奎屯市削减工业产能规模为 101126.21 吨标准煤，乌苏市削减工业产能 173007.90 吨标准煤；独山子区削减工业产能 397556.57 吨标准煤；第七师削减工业产业 150587.10 吨标准煤。

到 2020 年按照中国向国际承诺的减排标准，"奎独乌"区域减排 822277.77 吨标准煤，换算成产值将是 367984 万元。此产值数据是"奎独乌"区域淘汰落后产能实现先进产业替代的基数。而且随着"奎独乌"区域产业转型升级，该区域先进产业创造产值既要实现替代，还必须远远大于这个基数。

第四节　经济发展定位与产业协调发展的需求和趋势

一、资源加工产业区转型发展案例

（一）德国鲁尔工业区

鲁尔区原本以生产煤和钢铁为主，20 世纪六七十年代，由于廉价石油的竞争，这里先后遭遇"煤炭危机"和"钢铁危机"，使鲁尔区经济受到严重影响，矿区以采煤、钢铁、煤化工、重型机械为主的重型工业经济结构日益显露弊端。主导产业衰落、失业率上升、大量人口外流、环境污染严重、社会负债增加等，使鲁尔区的可持续发展受到严峻挑战。对此，政府积极采取措施，通过经济结构变化和产业转型，使鲁尔区的经济再造辉煌。

第一，制定总体规划。鲁尔区发展初期，缺乏对土地利用、城镇布局、环境保护等方面的整体规划，造成地区环境质量不断恶化，区域形象受到严重损害。为了促进区域的协调发展，德国政府颁布法律，成立了鲁尔煤管区开发协会，作为鲁尔区最高规划机构。之后，又分别通过法律一再扩大其权力，现已成为区域规划的联合机构，对矿区的发展做出全面规划和统筹安排。鲁尔区总体发展规划对于调整鲁尔区的经济及社会结构起了重要作用，使这个百年老工业区再次充满了活力。

第二，对传统工业进行全面改造。长期以来，煤产业和钢产业一直是鲁尔区发展的两大支柱，经济结构老化使鲁尔区的经济发展速度明显低于全国的平均水平。从 20 世纪 60 年代开始，在政府的资助下，对企业实行集中化、合理化管理。对煤炭和钢铁传统工业进行企业合并和技术改造，加强企业内部和企业之间的专业化与协作化。同时，加强基础设施建设。鲁尔区建成了由公路、铁路和水运构成的交通网，是欧洲最稠密的交通网络，区内 600 千米高速公路，730 千米联邦公路，1190 千米乡村公路组成了鲁尔区内纵横交错的公路网，使得区内任何一个地方距离高速公路都不超过 6 千米。

第三，积极培育新兴产业。在进一步发掘原有产业潜力的同时，鲁尔区将极具发展潜力的高新技术产业和文化产业作为发展的重点，以此来提高区域产业的竞争力。

（1）健康工程和生物制药产业。鲁尔区是世界上医院最集中的地区之一，从世界顶尖的医疗技术到传统的治疗手段，几乎覆盖了全部的医疗领域。区内的研究机构、医疗教育机构，为制药及生物工程的发展提供了技术支持，同时吸引了生物制药等领域的创新企业进入。目前，医药产业共吸收就业 28 万人，是鲁尔区就业人数最多的产业。

（2）物流产业。鲁尔区以区位条件、交通设施以及工业底蕴为基础，通过市政当局推动、国际物流企业参与以及科研成果转化大力发展物流产业。目前，约有 3000 个物流企业，覆盖鲁尔区产业价值链的各个环节，就业人数达 18 万人。

（3）化学工业。鲁尔区曾是德国化学工业的先驱，焦油化工产业衰落后，鲁尔区积极开发碳化工和天然气化工产品。化工产品的深加工具有明显的后向关联度，拉动了鲁尔区的经济复兴。新型化工产品安全、高效，具有清洁及可循环利用性，提高了可持续发展能力。

（4）文化产业。旅游与文化产业是鲁尔区实现经济转型的主要特色之一。1998 年，鲁尔区制定了一条区域性旅游规划，被称为"工业文化之路"的旅游线路连接了 19 个工业旅游景点、6 个国家级博物馆和 12 个典型工业城镇。"工业文化之路"如同一部反映煤矿、炼焦工业发展的"教科书",带领人们游历了150 年的工业发展历史。开发工业旅游在改善区域功能和形象上发挥了独特的效应,成为鲁尔区经济转型的标志。

第四,科研机构和高等教育为产业转型提供了支持。鲁尔区已发展成为欧洲大学密度最大的工业区。除了专门的科学研究机构外,每个大学都设有"技术转化中心",从而形成了一个从技术到市场应用的体系。同时,政府鼓励企业之间以及企业与研究机构之间进行合作,以发挥"群体效应",并对这种合作下进行开发的项目予以资金补助。目前,全区有 30 个技术中心、600 个致力于发展新技术的公司。

鲁尔区在转型过程中始终重视环保,注意形象。由于采取了有力措施改善一度被严重污染的环境,如限制污染气体排放、建立空气质量监测系统等,如今鲁尔区已经变成环境优美的公园绿地、幽雅的产业园区,不仅提高了当地人民的生活质量,也为新型产业发展创造了优美洁净的环境。

（二）国内案例

唐山市开滦集团依托煤炭主业,实现产业多元化转型。煤炭长期是开滦集团生存和发展的依赖产业,开滦集团的转型发展不是否定传统产业,而是立足煤、跳出煤、延伸煤,依托煤而不依赖煤,跳出煤而不放弃煤。通过对传统产业的改造提升和优化重组,实现由"一煤独大"转向多元发展。开滦集团产业的转型包括支柱产业向支撑产业转型、支柱产业向产业基础转型、煤炭生产向煤炭化工产业转型、煤基工业向煤基服务业转型、工业文化遗产向文化产业资源转型、配套装备向装备制造产业转型、高碳产业向低碳化绿色产业转型,依靠技术和集群优势,培育企业发展竞争力。

二、发展的需求和趋势

在"十五"期间,奎屯市第一产业逐年呈下降趋势,第二产业比重发展较快并带动第三产业,所占比重呈上升趋势,说明奎屯市进入工业化发展中期第一阶段;乌苏市第一产业呈逐年上升趋势,增幅较小,第二产业比重低于第一产业比重,而第三产业比重也在逐年下降,说明乌苏市正处于工业化发展初期阶段;独山子区主要以石油加工产业链为主导产业,发展第二产业,第一产业比重低于10%,因此,独山子区处于工业化实现阶段的后期阶段。

在"十一五"期间,奎屯市的第一产业比重呈下降趋势,第二产业与第三产业整体都呈上升趋势,第二产业拉动第三产业比重的增长,奎屯市在 2010 年三次产业结构比重为 23.66：44.74：31.6,对照库兹涅茨理论,可以判断奎屯市的工业化已经进入中期的第二阶段；乌苏市的第一产业比重同样呈下降趋势，第二产业较快上升，但第三产业呈小幅下降趋势；而独山子区依托丰富的石油资源，依旧以石油加工业为重点发展产业，但第三产业发展滞后。独山子三次产业结构中工业占比为85%以上，其对农业与服务业的产品需求主要依赖"奎独乌"区域乌苏与奎屯的商贸服务，导致"奎独乌"区域产业分工合理化倾向更为明显。

在"十二五"期间，奎屯市的第一产业比重呈下降趋势，第二产业比重增幅较小，基本达到最高水平并保持稳定，2013年奎屯市第三产业较上年增幅为1.32%，说明奎屯市的工业化发展已处于工业化后期结束阶段；乌苏市的第一产业比重呈下降趋势，而第二产业呈快速上升趋势，第三产业产值比重较低，说明乌苏市的工业化发展处于工业化中期的第一阶段；独山子区仍以发展第二产业为主，且占比较大，而第三产业发展停滞不前，说明独山子区虽处于工业化实现阶段的后期阶段，但产业发展主要依靠石油化工能源，只能发展石油产业，因此，影响城市社会经济有效地整体发展。

经济世界是不"平"的，集中和不平衡增长是一种普遍的经济现象，在空间上均衡分配经济活动的意图只会阻碍经济的增长，提高密度、缩短距离和减少分割是区域协调发展必须遵循的三大经济地理规律。

奎屯市未来在"奎独乌"区域地位的发展走向，更趋向于以奎屯市第三产业为发展动力深化与第七师的合作，以及与乌苏市和独山子区产业合作确立奎屯市在"奎独乌"区域"同城化"的中心地位。独山子区未来在"奎独乌"区域的发展趋向于石化产业的发展，以石化产业为主导，发展石油化工及石油加工产业。

第五节　发展目标与战略

一、总体思路

在丝绸之路经济带战略背景下，充分利用区位优势和本地区资源，以市场分工为主导，主动适应经济发展新常态，突出创新驱动，遵循工业经济发展规律，依次协调产业发展。最大限度地延长石油石化产业链，大力发展替代产业，推进产业升级。加快市场化改革，发展混合式经济，完善现代市场体系。科学合理开发利用资源，实现生态环境的良性发展。利用合理的空间组织模式与协调机制，促进区域均衡增长与和谐发展的共同实现。

二、发展目标

（一）区域经济发展目标

实现"奎独乌"区域内不同行政主体、企业主体之间的合作机制建立，为区域一体化注入新的活力；增强区域自我发展能力，促进区域人口、资源、环境与经济社会的持续协调发展。

促进"奎独乌"区域内优势得到充分有效的发挥，形成合理分工、各具特色的产业结构；逐步缩小地区间人均居民收入的差距，并保持在合理的范围内；使区域内居民能够享受均等化的基本公共服务和等值化的生活质量；保持区域内人口、经济、资源、环境的协调发展，人口分布与经济布局相协调，形成人与自然和谐发展的局面；保持区域内整体有较高的发展水平以及国民经济的适度空间均衡。

（二）产业协调发展目标

独山子区域围绕"我国重要的石油基地"，开展石油冶炼以及精细化工等下游产品生产。奎屯市紧紧围绕国家政策、城市等级、交通区位、商贸服务等优势，发展现代服务业、对外贸易等第三产业。乌苏市凭借自身丰富的农业资源，发展现代农牧产品深加工、新型建材、装备制造业等产业。第七师依托农产品规模优势发展棉纺织、农产品加工、新能源、新型建材、装备制造业、现代服务业等产业。最终"奎独乌"区域产业发展应达到合理的分工与相互协作，实现区域间产业的相互依存、有序运行、良性循环和共同进步，最终提升区域综合实力。

三、产业发展原则

（一）市场分工优先

"奎独乌"区域产业结构优化升级应坚持市场优先，采取"需求导向、质量提升、多元驱动、环境倒逼、面向世界"的发展思路，着力调整和优化工业结构；促进规模优势转化为市场优势；加快发展现代服务业；加快培育和发展绿色产业；推动产业联动发展；加快发展民营经济和中小企业；深化分工合作；优化产业空间布局。"奎独乌"区域需有良好的发展氛围，实施全方位开放，强化环境倒逼，实现区域产业优化战略。

（二）创新驱动

"奎独乌"区域产业发展实施创新驱动战略，强化区域内企业创新主体，提升企业的自主创新能力。加快区域性的科技公共服务平台、技术创新研发平台、科技合作交流平台和科技人才支撑平台四大科技创新服务平台体系基本健全，形成以创新型企业为主体、产学研紧密协作的城市创新网络。应用高新技术和先进适用技术改造提升石油冶炼、交通物流、金融服务等优势产业。结合"奎独乌"区域产业发展的实际需求，整合资源，建设一批对区域经济发展具有重要支撑作用的特色产业基地。

（三）产业差异化

"奎独乌"区域差异化发展就是各区域根据不同的要素条件、不同的区域定位、不同的产业环境，实施产业布局的错位发展，形成差异化竞争优势，避免同质恶性竞争，变竞争为错位，变雷同为互补。

第六节　发展定位

一、城市定位

根据"奎独乌"地区三地现有的城市功能，以及该地区特有的区位条件、资源条件以及产业基础，将该地区城市功能整体定位为：国内重要的石油化工基地、新疆北部交通枢纽与物流中心、新疆重要的轻工业生产基地。同时，发挥产业的组合优势与交通区位优势，大力加强基础设施协调规划建设，增强城市的集聚和辐射功能，发展成为天山北坡经济带的西段核心、北疆西北部的经济中心、新疆中部的重要经济增长极。

三地区各自有其自身定位，奎屯市被定位成区域性中心城市、先进制造业基地、商贸物流基地；独山子区被定位成石油加工生产基地、石油文化展示基地；乌苏市被定位成现代农牧业示范基地、农牧产品加工基地、现代物流基地。

二、产业定位

（一）产业总体布局

奎屯以现代服务业为主导，利用区位优势积极发展石化下游产业、物流产业、棉纺服装业和高端制造业；乌苏在大力发展区域特色农业产业基础上，加快发展农产品物流业和新型建材业；独山子围绕石油化工产业发展石化深加工、化工新材料、石油仓储和特色石油下游的机械和电子工业。

（二）重点产业发展导引

1. 奎屯市

（1）化工及下游产业。重点发展合成材料下游产品、新型精细化工等领域，其中合成材料下游产品重点发展化学建材、汽车配件（内、外装饰件）、家电外壳、新型日用制品、箱包用材等；精细化工产业要以高技术含量、高附加值、环保型为方向，积极开发新领域精细化工产品，重点发展功能性高分子材料、油田化学品，高档溶剂、化学药物新制剂等。开发包装、农用、日用、建材等塑料制品，以丁辛醇、乙二醇、1，4－丁二醇为原料的高附加值产品，工艺蜡、特种蜡等石蜡制品，以腈纶、丙纶为原料的化纤制品，以及油田化学品和化工助剂、催化剂、添加剂"三剂"等精细化工产品。

（2）物流产业。奎屯应以产品为依托，逐步拓展陆路运输覆盖线路，强化其后勤保障和处理能力；拓展交通枢纽的货物增值功能；重点发展初级产品货物、大宗散货、集装箱运输；加大东联西出的能力，重点发展国际多式联运。同时，应着力构建以奎屯为主体，以乌苏、独山子为辅的现代化物流体系，建设大物流中心，密切与腹地间的交通联系，规划建设一批现代物流园区和基地，采取"物流枢纽城市—综合物流园区—专业物流中心"的模式，建设现代化的物流基础设施和物流公共信息平台。

（3）现代服务业。优化提升奎屯的商贸服务业，发展壮大金融服务业，大力发展现代物流业，稳步发展加快发展旅游会展业。即：①科技教育业——以教育产业化、科技产业化为重点；②金融业——以金融国际化为重点；③商业——以大型化、专业化为重点；④旅游业——以城市、观光农业旅游为重点；⑤物流——以建立铁路、公路为主的生产性服务业为重点。

（4）区域特色产业。积极发展纺织服装等传统轻工业，有效改善轻重工业比例失调的现状。以"绿色、环保、再生"为发展理念，加快装备更新、工艺革新和产品创新，加快淘汰高污染、高耗水、低产品附加值的传统产品，推进产品品种多样化，重点发展绿色环保纤维和再生蛋白纤维等新型产品，发展精品棉纺产品和符合国内外潮流的时装产品，打造全国重要的纺织服装基地。

（5）高端装备制造业。结合"奎独乌"现有产业基础和发展前景分析，高端装备制造业可突出汽车及零部件、工业机械工程装备制造等重点，建立起以设计为先导、装备制造为核心、配套产业为支撑的现代装备业产业体系。

2. 乌苏市

（1）物流产业。包括棉花、畜产品、粮食产品、农副产品等的仓储、集散，建成自治区级的农副产品进出口中转基地和棉花、粮食储备基地。

（2）建材工业。充分利用乌苏的煤炭资源、石灰资源大力发展轻质、保温、节能的新型墙体材料的生产。

（3）区域特色农业产业。发展以种植业为主导的城郊型农业，以肉、奶、蛋、禽、花卉、蔬菜工厂化、集约化生产为方向，以满足"奎独乌"居民需要为主要任务。适应农业的国际化，提高农业综合能力，推动传统农业向现代化农业转化。加速农业产业化步伐。以种植业、畜牧业为根本，实现产供销、种养加一体化经营，提高农产品附加值和农民收入，全面发展农村工业、建筑业、商业、交通运输业。建立稳定的大规模专业化农业生产基地，建立生态特色农业，农副产品加工业，发展食品加工工业，形成特色食品加工产业链，使优势企业实现农产品生产专业化、加工规模化和管理企业化。加快发展符合"奎独乌"基本情况的中小型农牧机械制造业和机械零部件的配套产业。

3. 独山子区

（1）石化相关及衍生产业。化工新材料及有机原料。依托炼油项目和项目，进一步发展产品附加值高、技术工艺先进、适合市场需求的各类有机化工原料和合成材料中间产品，包括高级合成树脂、纤维单体、合成纤维聚合物、化学纤维、PET 切片、氨纶和玻璃纤维等新材料和产品。

石油化工。优化区域资源配置，调整工艺路线，实现由炼油化工型向化工型转变。增加"三烯"、"三苯"等基础化工原料产量，降低成品油产量。新建和完善乙烯、聚丙烯、联合芳烃装置。大力发展以乙烯、丙烯为原料的有机化学工业。

天然气化工。大力发展甲醇、合成氨产业链以及合成油等产品，加快天然气产业化步伐。

石化产品深加工。大力发展聚烯烃、有机化工原料、石蜡、化纤四个深加工产业链和精细化工产品。

（2）物流产业。石化仓储业。建立包括石油制品、液化石油气、化工原料等的仓储、集散基地，完善石油仓储物流配套设施，建成国家级石化进出口中转基地和原油储备基地。

（3）区域特色产业。机械和电子工业。大力发展油田机械、石化设备、机械加工设备、环保设备、仪器仪表、电子信息设备等领域产品。

第七节 促进"奎独乌"城镇群产业协同发展的对策建议

一、路径选择

（一）构建新型产业体系——资源加工产业区转型发展

1. 石化下游产业链拓展路径

独山子区紧紧围绕大炼油大乙烯产业集群，发展合成树脂（材料）产业群、聚合物新材料等石化及下游产业群。

（1）合成树脂（材料）产业群主要以 C4、C5 及 C9、C10 等重芳烃及炼厂气、液化石油气为原料，建设乌石化将乙烯下游有效延伸至 100 万吨/年对二甲苯芳烃联合装置，进而建设 150 万吨/年 PTA 装置。可重点发展以下三条产品链：

①苯/丙烯—苯酚/丙酮—双酚 A—聚碳酸酯/环氧树脂产品链；

②丙烯/氨—丙烯腈—ABS 产品链；

③重芳烃—芳烃油/石油树脂产品链。

（2）推动聚合物新材料等石化及下游产业群快速发展，带动下游周边地区轻工、建材、机电、橡塑加工等相关行业发展，形成完整的上中下游一体化产品链。依托大乙烯产业的基础条件，规划在下游各行业逐步建立聚合物新材料生产加工产业群，可有选择地培育、扶持和促进五条产业链中部分产业的发展：

①PE/PP/PVC——农用塑料/建筑工程塑料/包装塑料等专用塑料生产领域；

②PVC/HDPE（高密度聚乙烯）/PS（聚苯乙烯）——塑料管材/塑料门窗/新型防水密封材料/建筑涂料/建筑保温材料等化学建材生产领域；

③聚酯/丙烯腈—涤纶/腈纶等合成纤维生产领域；

④PE/EVA/PP/PVC/ABS/PC/PS——聚乙烯电缆料/载货汽车/客车零部件/家用电器/仪器仪表出口型塑壳等机电产品塑料加工领域；

⑤合成橡胶—全钢子午胎等橡胶加工领域。

2. 石化衍生产业、其他新兴产业培育路径

2016 年，美国的石化产品的精细化率已超过 53%，德国为 50%，日本为 60%，法国为 63%，我国精细化比例远远低于发达国家。今后，"奎独乌"区域可依托独山子石化 1000 万吨炼油和 122 万吨乙烯装置，将技术实力、营销技巧及与用户的伙伴关系完美地结合起来，重点发展石油精细化工、新能源、新材料、石化文化等新型产业，延伸石油化工产业链，提高产品附加值。重点是农药、染料（含颜料）、医药、助剂、涂料、胶粘剂等。"奎独乌"区域大力发展工业文化旅游，实现工业文化资源深度开发。允许客人参观其生产流水线，引起轰动，受到众多厂商的效仿，创造了参观工业企业的旅游路线。独山子区抓住挖掘石油炼化历史，挖掘特色的石油工业文化，以"打造百年石化"为发展目标，积极导入形象识别系统，大力发展石化工业文化产业。

3. 物流业、服务业的发展路径

（1）物流业发展路径

"奎独乌"区域重点发展复合型物流业产业。依托交通路网，信息技术和大数据平台建设，发展运输、仓储、装卸、搬运、包装、流通加工、配送、信息平台等，形成了运输业、仓储业、装卸业、包装业、加工配送业、物流信息业等。"奎独乌"区域发展物流生产性服务业，为本区域的农业生产、工业生产和服务

业生产提高服务。"奎独乌"区域物流业与电子商务相结合，向信息化、自动化、网络化发展。物流信息化表现为物流信息收集的数据库化和代码化、物流信息处理的电子化和计算机化、物流信息传递的标准化和实时化、物流信息存储的数字化等。实现物流优化调度、有效配置，客户能够体验实时查询、跟踪等服务；物流业发展过程中运用的条形码技术、数据库技术、电子数据交换技术（EDI）、企业资源计划（ERP）等技术实现无缝联结；建立物流基础信息和公共服务平台，提升物流组织程度，提高物流管理水平低、降低配送成本、提升客户满意度、增强物流盈利能力。

（2）现代服务业发展路径

"奎独乌"区域重点发展信息服务业、涉农服务业、社区服务业、旅游服务业、中介服务业、房地产服务业、文化服务业、金融服务业、公共服务业。

信息服务业。依托"奎独乌"区域资源密集和信息技术的优势，大力发展系统集成、电信、计算机网络、数据库、软件开发等信息服务业，将"奎独乌"区域建设成为全国信息业重要基地。积极发展电子商务、电子政务和为农服务信息业，建立健全政府与企业、公众互动的门户网站体系，加快全省软件产业和产业基地建设。

涉农服务业。大力积极构建农业社会化服务体系，发展各种专业合作社、股份合作社、专业协会和农民经纪人队伍。加快农产品市场建设，积极发展农产品、农业生产资料和消费品连锁经营，促进优质农产品进入超市。建成大型跨地区农产品批发市场，区域性中型农产品市场和专业市场，形成以大型农产品市场为龙头、中型市场和专业市场为主体、小型市场为补充的农产品市场体系。

社区服务业。坚持政府引导、企业资助、社会兴办相结合的原则，积极推进社区服务业市场化、产业化、社会化进程。加强社区服务基础设施建设，建立健全社区服务网络，建设一批经济效益好、服务质量高的社区服务网络中心。大力发展社区卫生服务和老龄服务业，引导和支持社会力量兴建社区服务业。

旅游服务业。打造旅游集散基地建设，积极开展红色旅游、观光旅游、生态旅游、文化旅游、休闲度假旅游、乡村旅游、工业旅游等特色旅游。支持旅游强区的发展。支持旅游企业集约化发展，促进旅游企业与景区建设的互动，加强与周边区域的旅游景区（点）和国内外旅游机构的联系与合作，实现资源共享。

中介服务业。适应政府职能转变和市场发展的需求，加快发展法律、投资、策划、财务、会计、评估、咨询、资信等中介服务业。积极整合中介市场，积极培育企业化经营、规范化管理、社会化服务的中介服务机构，健全中介制度，完善服务体系。大力发展中介组织，强化融入"奎独乌"区域中介服务平台建设。

房地产服务业。"奎独乌"区域积极调整住房供应结构，加大经济适用房的建设力度，培育和完善二级市场，大力推行物业管理，提高市场化程度，提升房地产市场管理水平。房价上涨幅度低于人均可支配收入增长幅度。

文化服务业。文化服务业发展路径主要依靠创新文化产业发展体制，促进文化资源有效配置。进一步完善公共文化服务体系，加快城市文化基础设施建设，提高奎屯市中心城市文化的辐射和带动作用。加强农村公共文化设施建设，提高服务水平，提升广大农民的文化素质。加快文化企业市场化进程，鼓励民间资本参与文化产业发展，促进有条件的文化企业向规模化、集团化发展。

金融服务业。鼓励外资金融机构和国内民营银行进入本区域，拓展服务领域和范围。积极促进地方金融业、兵团金融业、石油金融业发展，努力把本地银行建成全疆重要的区域性银行。推动组建农村商业银行。培育壮大证券市场，增加上市公司数量。建立区域性债券流通市场，增强企业债券的流动性。培育和发展证券投资基金、产业投资基金、风险投资基金以及期货市场。发展壮大投资和农业担保机构，建立和完善担保体系。

公共服务业。加强公共服务业基础设施建设，积极发展面向大众的公共交通、供排水、供气、供热、中水利用、垃圾处理、城市绿化等社会化服务。加快公共卫生体系建设，推进医疗卫生、药品流通和医疗保险体制改革。强化对医疗卫生服务行为、服务质量和药品市场的监管。加强农村公共卫生服务设施建设，加快推进城市医疗保险和新型农村合作医疗改革。建立健全社会保障体系和安全生产救助保障体系，加强社会保障服务管理能力建设。

（二）产业战略替换路径

在依赖物质资源投入的增长方式难以为继的情况下，根据碳排放测算，通过强化科技、人才要素投入，大力培育和发展战略性新兴产业，倒逼淘汰落后产能，实现产业体系的战略替换。紧紧围绕支柱产业进行产业的补链、延链和转型升级，把经济转型的着眼点放在加大淘汰落后产能、发展循环经济上来，逐层构建起"传统产业＋新式产业"的现代工业整体体系。

（三）区域内产业分工对接、协调发展的路径

发挥独山子工业对整个"奎独乌"地区城市化的带动作用；提升奎屯第三产业水平，发挥现代服务业的聚集优势，吸引更多的周边地区人口，加速城市化；同时，乌苏应在发挥农业优势的基础上，加速其农副产品的规模化生产和产业化经营，使更多的人离开土地进入工厂，加速该地区的非农化进程，同时城镇建设水平也须同步跟进，提高乌苏的城市化水平。

二、产业园区发展引导

（一）"奎独乌"区域产业园区基本情况

"奎独乌"区域的工业体系由一大基地和五个工业园区（九个区块）支撑。

其中，一大基地是独山子石油化工基地（国家级石化及原油储备基地，以独山子石化公司为龙头），五个工业园区为奎屯—独山子经济技术开发区、乌苏市石化工业园区、五五工业园区、天北新区北工业园区、独山子天利高新工业园区（见表 11 – 19、图 11 – 10）。

表 11 – 19　"奎独乌"各工业园区基本情况

地区	奎屯市	乌苏市	第七师	第七师	独山子
园区	奎屯—独山子经济技术开发区（北一区、南区、北二区奎东特色产业园）	乌苏市石化工业园区（东区、西区）	五五工业园区	天北新区北工业园区	独山子天利高新工业园区
级别	国家级园区	自治区级园区	兵团级工业园区	兵团级工业园区	—
产业	石油化工、煤化工、精细化工和橡塑产品后加工纺织、农业、建材、轻工、机电奎东特色产业园占地20平方千米，规划工业用地1208.47公顷，包括光伏产业区、现代纺织产业区、石化纤维产业区、精细化工产业区和中小企业产业区五大片区等	重点发展高载能和化工、机械加工和装备制造、农产品精深加工和药品制造、建筑材料生产和加工等产业	特色农牧产品精深加工、新能源、新材料及新型建材、油气化工和现代物流	农副产品加工、纺织印染、化工、新型建材、机械制造、矿产品深加工以及承接东部转移的高载能产业	石油化工（下游）为主导产业
企业	奎屯锦疆热电有限公司、龙海科技有限公司、联东化工有限公司、登煌管业有限公司、南岗建材（集团）有限责任公司、锦疆化工有限公司、阿舍勒铜业股份有限公司、新疆科源化工有限公司	中电投乌苏分公司、新宏化工、大成实业、乌苏啤酒、华泰石油化工、中远科技、钵施然农业机械等	新疆邦友化工、伊耐特能源、克拉玛依天华新能源电力、青岛泰润达重工、新疆森禾化工、河北可耐特玻璃钢制品厂等16家企业	锦孚纺织、金泰科技等25家企业	
产品面积产值	园区总面积为83.89平方千米	2011年，园区企业实现工业总产值38.5亿元，工业增加值14.6亿元	建成面积6平方千米，截至2012年底入驻企业16家，生产总值0.6亿元	建成面积1.2平方千米，截至2012年底入驻企业25家，生产总值6.77亿元	

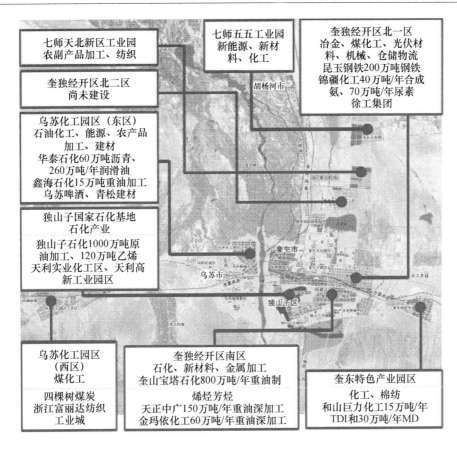

图 11-10　"奎独乌"区域工业园区分布示意图

(二)"奎独乌"各园区规划的主导产业

1. 奎屯—独山子经济技术开发区

发展目标及定位：以科学发展观为统领，围绕市委确定的"依托大石化、服务大石化、立足大交通、构建大物流，实施区域经济战略和可持续发展战略"，结合园区产业的发展情况，以石油化工、煤化工、精细化工和橡塑产品后加工四大产业为主体，以基础原料、新型材料及特种化学品为特色，面向国内外两个市场，形成石化产业集群，以产业集群建设为核心，通过产业链的上下游延伸，使之与冶金、物流、纺织等区域优势产业形成有机整体，逐步建成新疆乃至西部地区产业特色突出、技术先进、功能设施完善的一流石化产业园区。

2. 乌苏市石化工业园区

以煤化工为主体，以基础原料、新型材料及特种化学品为特色，建设产业突出、技术先进、功能设施完善且具有循环经济特色的上下游一体化及资源配置生态化的工业园区。园区内产业发展总体上要建设四条产业链、形成六个产业集群、构建九大区块。

四条产业链：煤化工产业链、LPG 产业链、盐化工产业链、生物化工产业链。

六个产业集群：煤化工产业集群、盐化工产业集群、生物化工产业集群、化工原料产业集群、精细化工产业集群、材料加工产业集群。

九大区块：煤化工区、盐化工区、生物化工区、化工原料区、精细化工区、材料加工区、物流区、管理服务区及公辅设施区。

规划实施完成后园区将新增工业投资 380 亿元，完成工业产值 628 亿元，直接创造约 30000 个就业机会。规划用地约 30 平方千米。

3. 五五工业园区

主导产业：根据国家产业政策，结合第七师资源特点、经济和产业发展现状，依托对口援建城市——江苏南通经济技术开发区的技术优势，考虑周边资源和产业分工，确立工业园区重点产业发展方向为煤化工、石油化工、盐化工、新能源、新型建材、装备制造和农副产品加工七大产业。

4. 天北新区北工业园区

主导产业：农副产品加工、纺织印染、化工、新型建材、机械制造、矿产品深加工以及承接东部转移的高载能产业。

5. 独山子天利高新工业园区

主导产业：石油化工（下游）为主导产业。

（三）"奎独乌"区域产业园区存在的问题

1. 产业选择存在的问题

（1）各园区产业结构趋同化严重，主要集中在石油化工、煤化工、煤电、棉纺等产业上，互补性不强，产业层次不高。

（2）随着各园区石油化工、煤化工、煤电等高排放项目的不断投产，"奎独乌"区域的大气环境污染严重恶化。

（3）奎屯—独山子经济技术开发区、乌苏市石化工业园区争相上马原油加工项目，不符合国家产业政策，原油资源获取困难，必然造成投资的巨大浪费。

（4）由于区域间缺少协调，项目重复建设问题突出，如煤电项目各地都上马建设小型电厂，规模效益难以体现，造成资源浪费。

（5）各园区重视一次加工项目，对产业链的延伸没有做到位（如石油化工下游延伸，棉纺业的下游延伸等），产业集聚效益没有充分体现。

2. 园区空间布局存在的问题

（1）乌苏市石化工园业区（东区）地处三城中间地带，同时是奎屯、独山子城区的上风口，园区内布局石油化工、煤化工、煤电等高排放项目，对奎屯、独山子城区的空气质量影响较大。

（2）由于欠缺统一规划、同一产业（如石油化工、煤化工、煤电、棉纺等）项目在各园区都有分布，没有形成产业集聚，不利于产业链的延伸。

（3）各园区的大部分空间都预留给资源加工类大项目，为科技型中小企业、创新型企业规划的空间较少，不利于中小企业发展，不利于经济结构转型。

（四）"奎独乌"区域产业园区产业调整建议

1. 独山子天利高新工业园区

独山子天利高新工业园区作为独山子大石化下游产业承接区，以石油化工（下游）为主导产业，继续向下游延伸，做大做强精细化工。

2. 奎独工业园南区

奎独工业园（南区）作为独山子大石化下游产业承接区，以石油化工（下游）、精细化工、橡塑产品加工和建材为主导产业，适度发展与石油化工相关的煤化工，与石油化工互为补充，停止发展原油加工项目；北一区以仓储物流业为主导产业，开辟中小企业发展园区，着力培育引进电子、家电、家居等产业，消化独山子大石化的橡塑原料，提高附加值；培育发展服装创意产业；奎东特色园区重点发展纺织服装、工程机械制造以及相关配套产业，积极引进徐工等大型龙头企业。北二区作为预留地，为发展其他产业和外向型产业提供空间储备。

3. 乌苏市石化工业园区

东区：重点发展农产品深加工、汽车装备制造、农机制造、石化装备制造（阀门、仪表等）、物流仓储等产业。

西区：重点发展煤化工、盐化工、生物化工、煤电等产业。

4. 第七师五五工业园区

重点发展新能源（光伏材料、光伏发电）、新材料、新型建材、电动汽车、橡塑加工产业、印染等产业。

5. 天北新区北工业园区

重点发展棉纺、农产品深加工、服装创意等产业。

（五）"奎独乌"区域产业园区空间调整建议

1. 奎屯—独山子经济技术开发区

停止发展原油加工、煤化工等高排放产业，已建成的此类项目条件成熟时通过市场行为适时迁出，让出的空间发展棉纺、服装加工、家电、家居制造等产业。

2. 乌苏市石化工业园区

东区停止发展原油加工、煤化工、盐化工等化工项目，已建成的此类项目尽快通过市场行为迁出，让出的空间发展机电、汽车等产业，以及设立中小企业科技园区。

3. 天北新区北工业园区

停止发展化工、金属冶炼、印染等有污染排放的产业，已建成的此类项目通过市场行为迁出至五五工业园区。

三、产业发展的创新机制与配套政策

（一）建立"奎独乌"区域经济社会融合发展的组织机制

奎屯、乌苏和独山子之间不但区位相邻，而且具有较为紧密的经济联系，经济社会发展的一体化趋势明显，已经成为天山北坡经济带中仅次于乌鲁木齐都市圈的经济发展中心。由于历史的原因，"奎独乌"区域成为新疆行政区划最为复杂的地区，三地在行政区划上分别属于不同的地、州、市管辖；同时，行政管理体制多元，有地方、兵团、央企三个主体，这种行政区划上的分割导致了区域经济社会发展上组织功能弱化，造成了资源的浪费、环境的破坏，对"奎独乌"区域可持续发展十分不利，组织、协调区域经济社会融合发展已成为一项紧迫的任务。

在行政组织功能不到位的情况下，可以先建立"对话式"的区域合作组织——"奎独乌"区域经济社会融合发展论坛，由奎屯市、乌苏市和独山子区三地发起，邀请农七师和独山子石化公司（"三地五方"）参加，共同研讨"奎独乌"区域经济社会融合发展，达成合作共识后，可以将区域合作范畴由"对话式"方式过渡到制度性安排上，建议成立区域合作协调机构，组建由各方主要领导担任理事的理事会，作为区域合作的最高议事决策机构，负责研究制定区域融合发展的战略和方向，讨论研究区域内重大基础建设项目，协调区域融合发展的重大问题。理事会设理事长、常务理事，理事长由"三地五方"行政一把手担任，实行轮流任期制，任期1~3年；常务理事由行政副职担任，实行常任制；下设日常办事机构，负责办理合作事宜的日常工作；充分发挥企业、居民、中介组织等主体在区域合作中的作用，大力发展区域性的行业协会，赋予行业协会一定的管理协调职能，促进区域产业协调发展；成立区域性的环境治理、生态保护和水资源统筹利用等专门委员会，吸纳多元主体参与，反映多方利益诉求；成立由专家学者组成的咨询委员会，为区域经济社会发展重大问题提供咨询意见。

（二）"奎独乌"区域"三地五方"工业产业发展需要合理分工

"奎独乌"三地应根据本地特点及资源禀赋的实际情况，产业分工建议如下。

（1）独山子石化公司继续做大做强石油化工产业，提高规模效益，发挥其龙头企业的引领作用，促进地方经济发展。

（2）独山子区工业产业发展重点是石油化工（下游）和精细化工产业，以及石化生产服务产业。

（3）奎屯市重点发展石油化工（下游）产业，橡塑加工产业，机电装备、汽车制造业，家电、家居制造，服装创意等产业。

（4）乌苏市重点发展煤化工、盐化工、生物化工等高载能产业，农产品深加工、棉纺产业、农机制造、石化装备制造（阀门、仪表）、建材、生物制药、服装创意等产业。

（5）农七师重点发展棉纺、印染、农产品深加工、能源（光伏材料、光伏发电）、新材料、新型建材、金属冶炼、硅产业、电动汽车等产业。

（三）建立"奎独乌"区域工业园区产业发展联盟

"奎独乌"区域内有独山子石化公司特大型龙头企业；拥有国家级奎屯—独山子经济技术开发园区、乌苏市石化工业园区、五五工业园区、天北新区北工业园区等省级工业园区，以及独山子天利高新工业园区；是新疆乃至全国发展工业产业条件最好的区域之一，产业发展空间十分巨大。

但由于上文提到"奎独乌"区域工业园区发展还存在一些问题，因此，推动本区域产业经济全面融合发展还有很大的空间。积极推进"奎独乌"地区工业园区之间的合作，建立并完善相互之间的长期合作机制，对于区域产业融合发展的意义重大。

1. 建立"奎独乌"区域工业园区产业发展联盟的设想

（1）以独山子石化公司为龙头，联合奎屯—独山子经济技术开发区、乌苏市石化工业园区、五五工业园区、天北新区北工业园区、独山子天利高新工业园区等五大工业园区成立"奎独乌"新型工业化示范区产业发展联盟，从而使区域经济合作发展到全面合作阶段，区域经济融合将由目前的企业项目合作向行业产业链分工发展，由局部资源共享提高效率为目标的合作向资源统一配置追求资源配置整体优化发展，由以建立经济合作关系为主向建立区域经济一体化系统发展。

（2）"奎独乌"新型工业化示范区产业发展联盟设立产业发展指导委员会，成员由"奎独乌"区域"三地五方"主要领导及各园区领导组成，负责确定示范区的发展战略和发展规划，联盟秘书处是常设机构，负责区联盟的日常工作和研究工作；同时，形成"奎独乌"区域工业园区管委会主任定期会晤机制，推动园区合作，带动产业融合。

（3）编制《"奎独乌"新型工业化示范区产业发展联盟发展规划》，规划要明确示范区的战略定位、发展目标、空间布局、产业发展、资源共享、合作分工、政策措施等问题，成为指导示范区及各工业园区发展的纲领性文件。

（4）研究制定切实可行的融合合作的利益分配机制，形成各方政府、各工业园区、企业多方共赢的局面。

（5）发展联盟各工业园区在资源配置上要打破行政壁垒，本着资源配置整体优化的原则优先向示范区内企业供应原料，示范区企业生产的中间体原料也要优先向示范区内企业供应。

2. 培育和引进大型机电制造企业，调整工业产业结构

"奎独乌"区域是第二条亚欧大陆桥（连云港—鹿特丹港）的交通咽喉，是新疆南北疆重要的铁路、公路交通枢纽，地缘优势、区位优势明显，具有发展外向型经济的有利条件。

独山子是我国石油与石化工业发源地之一，形成了健全的集输油、输气管网体系，完整的石油炼制、石化加工、下游产品加工等石化工业体系，已成为中国西部最大的石油石化生产和加工基地。同时，奎屯市、农七师长久以来注重发展轻纺工业，乌苏注重发展农副产品加工业，区域逐渐形成棉花加工、纺织、服装、食品加工等一系列轻工业产业，具有较好的工业发展基础。

但工业产业结构是以资源加工业为主的，机电制造业比重较小，产业结构不合理。由于缺少大型机电制造企业，独山子石化公司生产的化工原料（聚乙烯、聚丙烯、聚苯乙烯、丁苯橡胶、SBS、顺丁橡胶等）无法在本地消化利用，产生更大的产业聚集效应和经济效益，因此，"奎独乌"区域培育和引进大型机电制造企业，对于区域经济可持续发展具有十分重大的意义。

"奎独乌"区域应充分利用国家推进丝绸之路经济带建设和对口援疆、产业援疆的有利时期，利用行政和市场手段，积极培育和引进大型机电制造（汽车制造、电动汽车制造、工程机械制造、家电制造等）企业，同时带动本地一大批中小配套企业的发展，形成更加合理的工业产业结构，产业聚集优势更加明显。

3. 建设石油化工原料交易市场

独山子石化公司一次炼油加工能力 1600 万吨，乙烯生产能力 122 万吨；每年生产汽油、柴油、煤油以及聚乙烯、聚丙烯、苯乙烯、聚苯乙烯、丁苯橡胶、SBS、环氧乙烷/乙二醇、顺丁橡胶等 26 大类石油石化产品上千万吨，其中石油化工原料 350 万吨/年（聚乙烯、聚丙烯、聚苯乙烯、丁苯橡胶、SBS、顺丁橡胶等固体原料就达 270 万吨/年），是我国石油、石化产品的重要集散地之一。但由于多种原因，这些化工原料绝大多数直接运往沿海地区，本地利用和交易的数量很少，对"奎独乌"地方经济的拉动不大。提高石油化工原料在本地利用的比例，可以从建设石油化工原料交易市场入手，由中石油与奎屯、乌苏、独山子、农七师共同成立股份公司。建设石油化工原料交易市场，并负责独山子石化公司石油化工原料在新疆的总经销，中石油拿出一定数量的石油化工原料按出厂价供

应新疆市场，促进本地石油化工下游产业发展。

（四）建设中小企业科技创业园区

"奎独乌"各地应规划建设中小企业科技创业园区，吸引本地和外地创业者，增强经济活力。建设中小企业科技创业园区，符合广大中小企业发展的需要，有利于优化工业布局，促进中小企业产业升级，对于培育区域经济成长源和新的经济增长点，加快中小企业集聚和原始资本积累，促进人、财、物等生产要素的优化配置，促进社会和谐发展都具有十分重要的意义。

（五）体制创新配套市场化改革——排放权市场交易

"奎独乌"区域的可持续发展需要有效控制温室气体的排放量，同时要兼顾各方的发展，通过排放配额总量控制和建立排放权交易市场可以有效地解决这个问题。首先，综合考虑"奎独乌""三地五方"温室气体排放、经济增长、产业结构、能源结构等因素，确定各方的排放配额总量。其次，开展建立碳排放交易市场的可行性研究以及碳排放交易的试点工作，设立具有一定官方权威性的交易中心，适时引入有偿分配机制，用市场方式解决各方利益诉求，有效控制环境污染。

（六）建立统一电价市场（整合奎屯、乌苏、七师小电站）

电力的增长与国民经济有着紧密的联系，电力消费增长率与国民经济的增长率在一定时期内保持一定比值，而在现行政策体制下，电力市场是独家垄断经营，"奎独乌"区域内三地自主定价的局面导致区域内电力市场混乱。因此，建立统一的电价市场成为调整"奎独乌"区域电力市场的主要措施，整合现有资源，如小型电站等，由统一机构管理区域内电力资源，在市场经济运转机制下，在宏观调控的框架内，建立具有灵活机动、弹性伸缩、简捷高效的电价运转机制。通过电价杠杆调节作用，为协调发、供、用三方利益关系，促进地方经济发展服务。

（七）"三地五方"园区协调策略

1. 促进政府职能转换

"奎独乌"区域必须率先转变政府职能，减少行政干预，凸显市场配置资源的主体地位，政府要转型为公共服务型政府，对市场经济发展履行政策引导、规划指导、依法监管和公共服务等职能，努力改善区域投资环境和经营环境，制定建设规划，加强法律监督，提供公共服务，完善保障体制，进行环境保护的园区协调等；建立公开透明的产业规划政策，促进公平竞争，为民营经济发展创造公平、公开、公正的投资政策和体制环境；通过积极引导，规范发展，逐步提高民营经济的发展质量，促进民营经济的规模、管理的提升，使民营经济逐渐成为产业园区的实业主体，使产业园区协调发展。

2. 培育统一、公平的法制环境

建立"奎独乌"区域立法协调机制和立法透明机制，提高区域立法质量。

对各地现有的各种地方性法规资源进行整合，并不断加强区域立法协调的信息交流和立法沟通，研究探索和推动制定有关引导、保障"奎独乌"区域共同发展的法律规范；强化区域行政许可的联动监督检查机制，建立许可监督一体化的标准体系和定期交流的制度，避免执法不一、重复执法和空白执法；在法治协调方面还应该加强和重视咨询评估工作，加强区域间信用制度建设，发挥信用机制在市场主体经济活动中的内在约束，努力营造共赢的新格局。

3. 建立跨行政区的合作机制保障

建立区域政府及部门间的协调机制。建立城市及部门间多个层次决策协调机制，建立"奎独乌"产业园区的协调机构，负责统筹整个区域经济活动的重大事项及布局建设，根据区际分工的特点与内容，制定园区中长期发展规划，促进信息共享和产业转移。

4. 制定区域协调发展规划

区域协调发展的主要任务，是突出发挥各地区比较优势，促进"奎独乌"各地区的互利、互惠、互助、互动。因此，首先，应建立健全发展开放型市场经济体制的有效制度和良性机制，不断培育和壮大新的经济增长点，促进产业升级；其次，组织制定和实施区域规划来科学反映和体现一定时期不同功能区域发展的总体要求和发展方向，同时按照区域功能区划确定的各区域主要功能组织制定和实施差别化区域政策，促使各级政府依法加强对地区发展的统筹规划和协调工作，提供适时、适地的配套服务。

5. 实现区域资源流动和共享

实现"奎独乌"产业园区的协调发展，首先，应该通过体制创新，推进公共设施的社会化，共同构建区域性的物流、人力资源、产权交易市场，实现对"奎独乌"区域各种资源的优化配置；其次，促进知识共享，培养"奎独乌"区域企业的技术创新能力，形成"奎独乌"区域的核心竞争力。

（八）发展混合所有制经济，带动地方经济发展

发展混合所有制经济需要从完善社会主义市场经济体系的基点研究，应当在社会、企业方面展开。第一，在社会层面，用统一性而不是用对立性的观点和政策把公有制经济和非公有制经济"统合"起来，使公有制和非公有制经济发挥各自的所有制优势，相互依存和补充；第二，在企业层面，打破国有企业特别是大中型企业的产业格局，积极推进股份制，发展混合所有制的产权结构，把企业园区的国有资产转化为资本运营来发展混合制经济，如利用 PPP 模式进行融资，更好地带动地方经济发展。